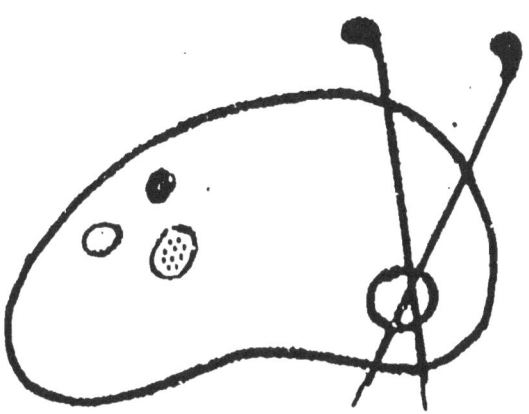

Couvertures supérieure et inférieure
en couleur

ARSÈNE HOUSSAYE

LES MILLE ET UNE
NUITS PARISIENNES

III

LA PRINCESSE AU GRAIN DE BEAUTÉ

NOUVELLE ÉDITION

PARIS
E. DENTU, ÉDITEUR
17 ET 19, GALERIE D'ORLÉANS, PALAIS-ROYAL

1875

Tous droits réservés.

LES MILLE ET UNE NUITS PARISIENNES

TOME I. — LE MARQUIS DE SATANAS. — LA DESCENTE AUX ENFERS PARISIENS. — UN ANGE SUR LA TERRE. — M. PAUL ET Mlle VIRGINIE. — LE PÉCHÉ DE JEANNE D'ARMAILLAC.

TOME II. — LA CONFESSION DE CAROLINE. — LE COUP D'ÉVENTAIL. — LES NOCTAMBULES. — CES DEMOISELLES ET CES DAMES. — SŒUR AGNÈS. — LES AVENTURES DE JEANNE D'ARMAILLAC.

TOME III. — LA PRINCESSE AU GRAIN DE BEAUTÉ. — MADAME BON DIEU. — LADY LOVELACE. — L'ENLÈVEMENT DE DÉJANIRE. — LES ÉCLATS DE RIRE DE JEANNE D'ARMAILLAC.

TOME IV. — LA DAME AUX DIAMANTS. — MORTE DE PEUR. — LES SACRIFICES. — PARADOXES NOCTURNES SUR LES FEMMES. — LE DERNIER AMOUR DE JEANNE D'ARMAILLAC. — LE JUGEMENT DERNIER.

4 volumes in-8. — Vingt gravures de HENRY DE MONTAUT. — 20 francs.

Édition sur papier de Hollande, 100 exemplaires numérotés, 40 fr.

LES GRANDES DAMES

Magnifique édition illustrée de vingt gravures et eaux-fortes par *La Guillermie*, *Morin*, *Léopold Flameng*, *Masson*, etc.

1 VOLUME GRAND IN-8°, VÉLIN ROYAL, 15 FR.

100 exemplaires sur papier teinté, gravures avant la lettre, 25 fr.; papier de Hollande, 40 fr.; papier de Chine, 50 fr.

(Les 12 éditions en 4 volumes sont épuisées et hors de prix.)

LES COURTISANES DU MONDE

4 vol. in-8° cavalier, illustrés de portraits et gravures par *La Guillermie*, *Bertall*, *Nargeot*, *Cucinotta*, *Carlo Gripp*.

PRIX, 20 FR.

GALERIE DU DIX-HUITIÈME SIÈCLE

La Régence. — *Louis XV.* — *Louis XVI.* — *La Révolution.*

10e édition. 4 vol. à 3 fr. 50.

ROMANS NOUVEAUX

La Femme fusillée, 2 vol., 10 fr. — *Le Roman des Femmes qui ont aimé*, 1 vol., 3 fr. 50. — *Tragique Aventure de Bal masqué*, 1 vol., 3 fr. 50. — *Histoire d'une Fille perdue*, 1 vol., 3 fr. 50. — *Mlle Trente-six vertus*, 1 vol. 3 fr. 50. — *Le Violon de Franjolé*, 1 vol. 3 fr. 50. — *Voyages romanesques*, 1 vol. 3 fr. 50. — *Les Cent et un Sonnets*, 1 vol. 3 fr. 50.

DE L'IMPRIMERIE EUGÈNE HEUTTE ET Cie A SAINT-GERMAIN.

LES MILLE ET UNE
NUITS PARISIENNES
III

DENTU, ÉDITEUR, PALAIS-ROYAL

LES

MILLE ET UNE NUITS PARISIENNES

Par l'Auteur des *Grandes Dames*

TOME I

LE MARQUIS DE SATANAS.
LA DESCENTE AUX ENFERS PARISIENS.
UN ANGE SUR LA TERRE.
DON JUAN VAINCU.
M. PAUL ET Mlle VIRGINIE.
LE PÉCHÉ DE JEANNE D'ARMAILLAC.

TOME II

LA CONFESSION DE CAROLINE.
LE COUP D'ÉVENTAIL.
LES NOCTAMBULES.
SŒUR AGNÈS.
CES DEMOISELLES ET CES DAMES.
LES AVENTURES DE JEANNE D'ARMAILLAC.

TOME III

LA PRINCESSE AU GRAIN DE BEAUTÉ.
MADAME DON JUAN.
LADY LOVELACE.
L'ENLÈVEMENT DE DÉJANIRE.
LES ÉCLATS DE RIRE DE JEANNE D'ARMAILLAC.

TOME IV

LA DAME AUX DIAMANTS.
MORTE DE PEUR.
LES SACRIFIÉES.
PARADOXES NOCTURNES SUR LES FEMMES.
LE DERNIER AMOUR DE JEANNE D'ARMAILLAC
LE JUGEMENT DERNIER

Prix du volume, 5 fr. Envoi franco, 5 fr. 50.

DE L'IMPRIMERIE EUGÈNE HEUTTE ET Cie, A SAINT-GERMAIN.

LE PÉCHÉ DE JEANNE.

ARSÈNE HOUSSAYE

LES MILLE ET UNE
NUITS PARISIENNES

III

LA PRINCESSE AU GRAIN DE BEAUTÉ
MADAME DON JUAN
LADY LOVELACE
L'ENLÈVEMENT DE DÉJANIRE
LES ÉCLATS DE RIRE DE JEANNE D'ARMAILLAC

PARIS
E. DENTU, ÉDITEUR
17 ET 19, GALERIE D'ORLÉANS, PALAIS-ROYAL
—
1875
Tous droits réservés.

LES
MILLE ET UNE NUITS
PARISIENNES

LIVRE XII
LA VERTU
DE MADEMOISELLE AUBÉPINE

I.

RIVALES ET RIVAUX.

On n'a peut-être pas oublié que vers minuit, quand le duc d'Obanos était en tête-à-tête avec Mlle d'Armaillac, sa femme de chambre lui vint apporter sur un plat d'argent la carte du comte Martial de Briançon et de Mme Charles Fleuriot.

On s'est sans doute demandé pourquoi ces deux cartes ou ces deux personnages se présentaient ensemble.

Voici l'explication :

Martial adorait toujours Mlle d'Armaillac; il avait beau vouloir n'y plus penser, il ne pouvait s'empêcher de la suivre partout des yeux, même quand il ne la voyait pas. C'était pour lui un supplice de la savoir devant ce miroir à alouettes qui s'appelait le duc d'Obanos; il lui pardonnait bien d'avoir fait une première chute dans ses bras, mais il ne voulait pas lui permettre d'en faire une seconde, quel que fût son rival.

Ce soir-là, comme les autres soirs, il s'était fait invisible pour suivre Jeanne jusque chez le duc, agitant dans son esprit les idées les plus folles, pour pénétrer dans cet hôtel inaccessible, car hormis les jours où il donnait à diner à ses amis, le grand d'Espagne ne recevait jamais un homme, disant qu'il n'aimait que la société des femmes, comme beaucoup de femmes disent qu'elles n'aiment que la société des hommes. C'est peut-être la vraie sagesse dans le monde galant.

Comme il roulait des cigarettes à la porte du duc d'Obanos, sans avoir pris encore un parti, Mme Charles Fleuriot survint. Ce ne fut pas la répétition d'une scène qui s'était passée l'avant-veille? Il connaissait un Ange sur la Terre comme tout le monde dans tout Paris :

— Je sais bien qui vous amène, dit-il, en lui donnant la main pour descendre de voiture.

— Et moi, lui dit-elle, je sais bien pourquoi vous êtes là.

— Vous croyez que c'est par jalousie, pas du tout, c'est par curiosité.

— Ne mettez donc pas de masque, mon cher ami ; vous êtes jaloux, puisque vous aimez Mlle d'Armaillac, comme je suis jalouse, parce que j'aime le duc d'Obanos. Si vous avez du cœur, nous nous vengerons tous les deux.

— Comment se venge-t-on, quand on a du cœur ?

Disant ces mots, le comte de Briançon prit Mme Charles Fleuriot par la ceinture et l'étreignit doucement.

— Non, dit-elle, ce n'est pas cela ; je sais bien que c'est la vengeance ordinaire, mais ma vengeance à moi c'est de séparer à jamais votre amoureuse de mon amoureux. Je ne sais pas si elle était à vous. Pour ce qui est du duc, il était bien à moi.

— Depuis quand ? demanda Martial d'un air étonné.

— Depuis deux jours.

— Quarante-huit heures ?

— Oh non ! vingt-quatre heures.

— Alors, vous n'étiez pas une maîtresse nocturne!

— Le duc était bien à moi et je veux le reprendre à cette fille du monde.

— Alors vous êtes décidée à entrer chez le duc.

— Je le crois bien.

Disant ces mots, un Ange sur la Terre sonna à la grille.

— Venez avec moi, reprit-elle.

Tout bien considéré, Martial, qui était un galant homme et qui ne cherchait pas de querelles d'Allemand, ne voulut pas entrer à minuit, quel que fût le prétexte, chez un homme qu'il ne connaissait pas.

— Attendez, dit-il à Mme Charles Fleuriot, sans doute vous allez lui faire passer votre nom; donnez ma carte en même temps que la vôtre ceci produira un effet dramatique.

— Mais puisque vous ne serez pas là.

— Qu'importe? d'ailleurs je ne serai pas loin, car je vous attends ici. Si le duc n'est pas content il viendra me trouver.

Et voilà comment la carte du comte de Briançon avait été présentée au grand d'Espagne en même temps que la carte de Mme Charles Fleuriot.

On se rappelle encore l'émotion de Jeanne ; mais ce que je n'ai pas dit, c'est la colère du duc d'Obanos.

Il alla d'un pas rapide et bruyant à l'antichambre, pour avoir raison de ces visiteurs nocturnes. Il fut quelque peu surpris de ne pas voir M. de Briançon ; il interpella vivement la jalouse.

— Qu'est-ce que cela veut dire, madame? il vous faut donc un cavalier pour venir ici?

« Un Ange sur la Terre, » qui avait peur de perdre un ami si endiamanté, lui montra sa figure séraphique et lui dit de sa voix la plus douce, pour jeter de l'eau sur le feu :

— Pas du tout, je suis venue toute seule ici ; je suis venue parce que je vous aime, je suis venue parce que je ne peux plus vivre sans vous.

— Il faudra pourtant bien vous y habituer, murmura le duc, dont la colère n'était pas tombée encore.

— C'est cruel ce que vous me dites là.

En prononçant ces mots, un Ange sur la Terre montra deux belles larmes dans ses beaux yeux.

Cette fois le grand d'Espagne fut vaincu. Comme le comte de Briançon, il aimait à consoler les femmes.

— Revenez demain, ma belle amie; si vous pleurez encore je sécherai vos larmes.

— Demain, c'est la fin du monde; vous savez, mon cher duc, il y a un mot à la mode aujourd'hui : « J'y suis, j'y reste. »

Le grand d'Espagne fronça le sourcil.

— Voyons, soyez sage, sinon je ne vous reverrai jamais.

Et il prit une bague à son petit doigt, pour la passer à un des doigts de Mme Charles Fleuriot. Elle voulait répliquer pour défendre son droit d'asile, mais elle fut éblouie par le gros diamant qui étincelait à la bague du duc. Ce n'était pas une victoire, mais ce n'était pas une défaite. Elle connaissait trop bien son monde pour faire une sottise; aussi elle serra la main du duc et lui donna son front à baiser, tout en lui disant :

— J'obéis : à demain !

Quand le duc rentra dans le grand salon où s'était réfugiée Mlle d'Armaillac, il avait repris son caractère enjoué.

— C'est un quiproquo, lui dit-il, cette dame

était seule ; elle avait mis par mégarde une seconde carte avec la sienne.

Jeanne respira.

— Pourquoi cette inquiétude sur votre front? reprit le duc. N'êtes-vous pas ici sacrée et inviolable, ma chère Jeanne.

— Oui, dit-elle, en essayant un sourire, inviolable et sacrée.

Le duc s'aventura à lui prouver qu'il ne croyait pas trop à ces deux adjectifs, mais comme la veille Jeanne fut inattaquable ; non pas qu'elle se posât en statue de Diane ou de Junon, mais elle eut l'art de tempérer les désirs du duc par un mot glacial ou par un éclat de rire. Aussi sentait-il que plus il s'avançait vers elle et plus il désespérait de l'atteindre, ce qui l'irritait beaucoup, d'autant plus qu'il devinait son aventure avec M. de Briançon. Naturellement, il était de trop haut goût pour lui en parler même de loin ; d'ailleurs, il connaissait trop les femmes pour ne pas savoir qu'une femme qui s'est donnée une fois ne se donne pas plus facilement pour cela.

S'il eût commis la sottise de rappeler à Jeanne son premier péché, sa cause était perdue à tout jamais. Or il aimait Mlle d'Armaillac.

Il ne l'aimait pas avec toute la passion attristée de Martial, qui désormais aimait Jeanne à cause de Jeanne, mais aussi à cause de Marguerite Aumont. La vivante s'était parée pour lui de toutes les poésies de la morte. Il avait aimé deux femmes, ces deux amours s'étaient réunis en un seul. Dieu sait si le cœur lui battait à ce doux nom de Jeanne. Tout le passé pour lui était là et il ne voyait pas d'autre avenir.

Le duc d'Obanos s'était imaginé qu'il triompherait ce soir-là de Mlle d'Armaillac, mais il eut beau assiéger ce cœur fantasque par toutes les attaques connues et inconnues, tour à tour dédaigneux et suppliant, railleur et désespéré changeant de tactique à chaque instant, toujours imprévu et toujours irrésistible : elle lui résistait.

Ce qu'il y a d'étrange, ce que comprendront pourtant quelques amoureux qui ont la seconde vue, c'est que Martial, qui était resté dans l'avenue de l'Impératrice, allumant des cigares qu'il ne fumait pas, dévorant des yeux la façade de l'hôtel, s'agitant au moindre bruit et faisant siffler sa canne, n'eut pas un instant l'idée que Jeanne pût tomber cette nuit-là dans les bras du grand d'Espagne. Elle s'était donnée à lui du premier coup, mais c'était une raison pour qu'elle résistât plus impérieusement.

M. de Briançon espérait voir Mlle d'Armaillac sortir seule de l'hôtel, mais vers une heure du matin, le duc, qui avait perdu son temps, lui proposa de la reconduire en allant au cercle. On paya le fiacre, au grand désappointement du comte qui vit bientôt passer Jeanne avec le duc; un peu plus il se jetait au-devant des chevaux dans l'aveuglement de son amour, mais la raison triompha encore cette fois.

Jeanne s'en alla donc comme elle était venue. Dans le voyage, elle reparla de Mlle Aubépine.

— Vous n'imaginez pas, mon cher duc, comme je suis heureuse d'avoir sauvé cette jolie fille.

— Oui, dit en raillant le grand d'Espagne, vous venez faire le bonheur d'une autre : Je vous remercie.

— Oh! je vous réponds maintenant de cette vertu.

On se dit à revoir. Mlle d'Armaillac avait déposé le collier de perles dans un des vases de porphyre de la cheminée avec la loyauté d'une femme qui ne veut pas se vendre, parce qu'elle ne veut pas se donner ; mais le lendemain matin, le grand d'Espagne lui renvoya les perles dans une petite boite japonaise renfermant ce billet :

« Mademoiselle, ces perles s'ennuient chez
« moi à en mourir, n'ayez pas la cruauté de les
« rejeter de votre cou où elles étaient si bien. Je
« baise vos ongles roses. »

Jeanne aurait eu le courage de faire reporter la boite si elle ne l'eût pas ouverte, mais dès qu'elle revit ses chères perles, elle les baisa et les remit à son cou. Sa mère qui survint lui dit encore ce jour-là qu'elle avait bien tort de se vouloir parer de « perles fausses, » mais elle avoua elle-même que sa fille était plus belle avec ce collier. C'était une femme pleine d'illusions. Elle avait redonné toute sa confiance à Jeanne et n'avait aucune inquiétude, quoique Jeanne sortît tous les soirs.

— Ma pauvre mère ! pensait Jeanne, j'aurais bien la folie de me laisser prendre une seconde fois, mais je ne me sens pas le courage de la tromper encore.

II.

LES INSÉPARABLES.

ADEMOISELLE d'Armaillac fut conduite un soir par la duchesse ***, chez la célèbre duchesse au grain de beauté, que nous avons vue apparaître dans les premières pages de cette histoire. J'ai oublié de dire qu'elle était plus connue sous le nom de la princesse que sous le nom de la duchesse; son mari qui n'était que prince était devenu duc, mais déjà la renommée de sa femme avait couru les deux mondes, si bien que la duchesse était toujours « la princesse au grain de beauté » ou « la princesse Charlotte. »

Vous avez vu la duchesse à l'œuvre : comment elle avait oublié son premier amant par le second;

comment, par un raffinement de voluptueuse cruauté, elle avait embrassé celui-ci à l'heure où se tuait celui-là. Un philosophe qui n'aimait pas les femmes a dit que toutes avaient dans le sang une goutte de sang de vipère, voilà pourquoi il faut tout craindre d'une femme lorsqu'elle se venge.

La princesse plut beaucoup à Mlle d'Armaillac. C'était un peu son contraste. Elle qui avait le caractère hautain et l'esprit impérieux, elle qui avait la beauté sculpturale, sévère, presque terrible, elle admirait en la princesse toutes les félineries et tous les serpentements d'une femme qui cache son jeu.

« Un Ange sur la Terre » n'avait qu'un masque, la princesse en avait mille, tandis que Mlle d'Armaillac n'en avait point du tout. La princesse s'abandonnait à toutes les molles attitudes des femmes vaporeuses et romanesques; c'était tour à tour un roseau brisé et un roseau qui relevait la tête.

Dans ses yeux profonds on lisait les livres les plus opposés; elle avait la science du sourire comme la science de l'éventail. C'est devant elle que François Ier eût chanté sa chanson:

« Souvent femme varie, bien fol est qui s'y fie. »
Son âme ne gardait jamais les mêmes images,
pareille à un miroir qui passe dans la rue. Elle
était affamée d'amour, mais elle méprisait les
amoureux. Elle les trouvait sots et fats, aussi
s'amusait-elle, comme à la comédie, de toutes les
sérénades qu'ils lui débitaient. Elle avait dit un
soir à son second amant : *Monsieur, je ne vous
connais pas.* Et depuis qu'elle avait brisé, elle
s'était juré de ne plus recommencer ce qu'elle
appelait un métier de dupe. Elle avait comme
cette autre grande dame bien connue, la fierté de
l'épiderme ; elle ne pouvait plus se résigner à être
à quelqu'un, pas même à son mari qui se résignait
à faire le bonheur de Mlle Fleur de Pêche.

On parlait dans le monde de la princesse à
peu près comme on parlait de Mlle d'Armaillac :
on les croyait un peu beaucoup fantasques ; on
les traitait d'esprits forts ; on les jugeait grandes
coquettes ; mais on n'allait pas jusqu'à les accuser
d'avoir passé le Rubicon de l'amour. Dès qu'elles
se virent, ce fut une vraie passion de l'une pour
l'autre ; au bout de huit jours elles ne pouvaient
plus se quitter. On sait que Mlle d'Armaillac
avait aussi un grain de beauté, on finit par les

surnommer dans leur monde « les deux grains de beauté. » On ne manqua pas de dire qu'elles étaient trop passionnées l'une pour l'autre, comme on avait dit de la chanoinesse rousse et de la Messaline blonde.

Ce qui donna surtout du crédit à cette calomnie, ce fut une aventure trop bruyante que beaucoup de gens se rappellent encore au bout de six mois, quoique au bout de six jours tout soit oublié à Paris : Le premier jour on se parle de la chose à l'oreille, le second jour on en parle tout haut, le troisième jour c'est une affaire d'État, le quatrième jour on met l'histoire en chanson, le cinquième jour on dit que c'est un roman, le sixième jour on en cancane à l'office et le septième jour on ne veut plus en entendre parler.

Comme l'aventure en question vaut bien la peine d'être contée, on la trouvera au Livre XIV de ce roman mémorable.

III.

LA TRISTESSE DES DON JUAN.

Vous connaissez bien le caractère du comte de Briançon. Vous savez qu'il y a la semence de Don Juan dans ce cœur perverti. Après avoir aimé deux femmes à la fois, il aime une femme : Mlle Jeanne d'Armaillac est toujours son rêve évanoui. Il a tenu son idéal sous la main, il a étreint son bonheur dans ses bras. Mais ce n'est plus que la nuée d'Ixion ; son cœur souffre d'avoir perdu du même coup deux femmes adorables : Marguerite Aumont est morte pour lui ; Jeanne d'Armaillac n'est pas morte, mais que fait-elle de son cœur? Un voile de mélancolie assombrit cette figure si gaie. Cet homme qui riait toujours sourit encore du sourire des sceptiques, mais quelle amère expression de tristesse au coin de ses lèvres !

Une âme plus virile chercherait d'âpres consolations, un homme trois fois homme se retremperait dans le travail et dans le devoir. Mais c'est plutôt un homme trois fois femme. Il s'est efféminé à courir les aventures, il ne s'arrêtera jamais. Il faudra que la femme le console de la femme. Mais où trouver la femme qui console, quand on a perdu la femme qui charme ? Martial nous avouait un jour, à l'Opéra, qu'il passait son temps en vaines recherches. Dans le monde il n'avait rien trouvé qui lui rappelât, même de loin, Jeanne d'Armaillac; dans le demi-monde, c'était encore plus rare de trouver une Marguerite Aumont. Celle-là, comme il le disait lui-même, avait répandu dans sa vie un doux parfum de violette et de lilas, les vraies fleurs de la jeunesse. Vainement il avait cherché parmi toutes les amies de sa maîtresse une femme qui eût un peu de son charme, mais il n'avait trouvé que des filles occupées d'elles-mêmes, parlant de l'amour comme des femmes qui ne connaissent que l'or. Il se rappelait que la pauvre Marguerite

Aumont avait fait des prodiges pour vivre de peu pour que la question d'argent ne fût jamais une question entre eux.

Cependant, il n'était pas homme à pleurer solitairement les femmes qu'il n'avait plus. Voilà pourquoi un matin, comme il allait au bois, il retint son cheval par la bride en voyant traverser l'avenue des Champs-Élysées par une jeune fille qui était un miracle de beauté dans la fraîcheur des dix-huit ans.

Voyant le cheval qui s'arrêtait, la jeune fille leva les yeux, deux pervenches sous de longs cils, comme des violettes dans l'herbe.

Elle passa son chemin, après avoir presque souri.

Et lui, au lieu d'aller au bois, il tourna bride, si bien que le cheval et la jeune fille descendirent les Champs-Élysées du même pas.

Cent fois, dans sa course du matin, la belle enfant avait été suivie par les hommes de tous les âges et de toutes les nations, ne daignant d'ailleurs jamais répondre à leurs provocations, n'écoutant, comme elle le disait, ni des yeux ni des oreilles.

Mais si elle avait dédaigné les hommes à pied,

elle fut flattée d'être suivie par un homme à cheval. Arrivée au rond-point, elle pouvait se perdre sous les arbres et planter là le comte de Briançon, mais elle jugea qu'elle ne devait pas décourager ce promeneur matinal.

Ils continuèrent à marcher du même pas, elle sur le bitume, le cheval sur le sable, le bruit du sabot couvrant le bruit de la bottine.

Martial, qui avait commencé par d'idolâtres œillades, cherchait vainement quelques paroles éloquemment concises, pour bien marquer son admiration, que dis-je? son adoration, car il était pris soudainement par le cœur comme par les yeux.

— En vérité, pensait-il, elle ressemble tour à tour et tout à la fois à Jeanne d'Armaillac et à Marguerite Aumont.

C'était une illusion, mais l'âme vit d'illusions.

En face du théâtre des Folies-Marigny, il risqua un mot :

— Mademoiselle, comment osez-vous sortir toute seule? comment ne vous a-t-on pas encore enlevée?

La jeune fille fit semblant de ne pas écouter et surtout de ne pas entendre.

Mais Martial n'était pas homme à quitter le jeu sans avoir perdu ou gagné.

— Mademoiselle, pourquoi vous levez-vous si matin?

La jeune fille qui ne voulait pas répondre laissa échapper ces paroles :

— Si matin! j'arriverai encore trop tard.

— Voulez-vous monter en croupe, mademoiselle?

Elle sourit:

— Ce ne serait pas la première fois, mais c'est vous qui feriez une drôle de figure, si je vous prenais au mot.

— Peut-être, dit le comte de Briançon en riant. Mais pourquoi arriverez-vous trop tard, mademoiselle? Est-ce que vous êtes attendue par un amoureux?

— Un amoureux! Dieu merci, je n'en connais pas.

— Songez-y donc, ces Champs-Élysées, par une belle matinée du mois de mai, c'est le paradis, Paris c'est l'enfer. Où allez-vous?

— Je vais chez Mme Ode, qui m'attend pour que j'aille porter un chapeau.

— Et tout cela à pied?

— Pardieu, croyez-vous que les modistes vont à cheval?

L'homme à cheval et la fille à pied se mirent à rire.

— Elle a ri, la voilà désarmée, pensa Martial.

Il mit pied à terre.

— Mademoiselle, vous êtes charmante.

Elle continuait à marcher, mais il l'arrêta :

— Ce n'est pas bien, ce que vous faites là, ne suis-je pas votre compagnon de voyage?

La jeune fille s'arrêta pour babiller un peu. Elle trouvait le cheval fort beau, elle n'avait pas encore regardé Martial en face. Elle ne fit pas de façons pour lui avouer qu'elle demeurait rue Galilée. Elle allait tous les matins à pied rue de Rivoli, pour s'en revenir tous les soirs en omnibus. Si elle allait porter çà et là des chapeaux à domicile, c'est qu'elle avait plus de goût que les autres pour bien coiffer les clientes de Mme Ode.

Martial lui dit que si elle voulait venir rue du Cirque, il lui donnerait des chapeaux à faire, mais elle ne voulut pas croire à cette « cliente » là. Il s'aperçut qu'il ne fallait pas brusquer les choses. Il ne voulait pas, d'ailleurs, être pris en flagrant délit, car il y avait beaucoup de promeneurs dans l'avenue. On pourrait le signaler dans le monde, comme un homme qui suit les femmes — à cheval.

— A demain, dit-il en remontant à cheval.

Le lendemain, s'il fut de bonne heure au coin de la rue de Galilée et des Champs-Élysées, vous le devinez sans peine.

La jeune fille apparut vers huit heures moins un quart, en retard d'un quart d'heure, ce qui lui sembla de mauvais signe. Le cœur leur battait à tous les deux. La jeune fille avait rêvé de lui et de son cheval; il avait rêvé, lui, qu'il l'enlevait en croupe à travers tous les périls, la mère pleurant les bras au ciel, la sœur criant pour être enlevée en même temps.

Martial remarqua que la modiste était mieux coiffée que la veille.

— Je suis sauvé, dit-il; elle veut être plus belle, elle est perdue.

Il voulut lui parler, mais elle lui dit en passant en avant :

— Prenez garde, je suis connue par ici.

Ce ne fut qu'après la rue d'Albe qu'elle consentit à marcher du même pas. Il y avait longtemps que le comte de Briançon n'avait été si heureux. Il se sentait deux fois dans le renouveau, le mois de mai tout souriant et ces dix-huit ans de la jeune fille, qui étaient un autre mois de mai.

Le comte de Briançon avait trop d'esprit pour laisser tomber la conversation. Il amusait la belle matineuse par des mots imprévus, tour à tour passionnés et moqueurs.

Elle se demandait s'il fallait le prendre au sérieux; elle avait peur d'être trop aimée ou de ne pas l'être assez. Les extrêmes inquiètent les jeunes cœurs. On n'arrive aux grandes passions qu'après avoir passé par les passions tempérées.

Martial ne pouvait croire que la modiste fût digne d'être rosière. Elle était pourtant ainsi; Salency, Nanterre, Argenteuil lui eussent donné la couronne, d'autant plus qu'elle avait résisté aux plus galantes propositions avec tout l'héroïsme de la vertu.

Quand on fut au rond-point, Martial voulut convaincre la jeune fille qu'elle mourait de faim, pour l'entraîner au Petit Moulin rouge où elle déjeunerait avec lui tambour battant.

— C'est vrai que j'ai déjà faim, dit-elle naïvement. Figurez-vous que je me suis levée à cinq heures du matin pour laver ma robe des dimanches.

— Décidément, vous êtes un ange.

— Oh! un ange! — je ne vais pas si haut.

— Oui, un ange, je n'en rabats pas une lettre.

La modiste se laissa conduire au Petit Moulin rouge.

Je n'étais pas au déjeuner et je n'ai pas vu l'addition.

Et d'ailleurs, a-t-on tout mis sur la carte?

IV.

LE SPECTACLE DE LA SCÈNE ET CELUI
DE L'AVANT-SCÈNE.

Ce qui est hors de doute c'est qu'à trois jours de là le bruit se répandit dans Paris — je veux dire dans le Tout-Paris — que M. le comte Martial de Briançon avait une nouvelle maîtresse qu'il avait dénichée on ne sait où. C'était la jeunesse, la beauté, l'esprit, le charme, la distinction, la grâce, la douceur, toutes les vertus d'une femme parfaite — imparfaite.

Aussi le dimanche, aux courses, la modiste fut-elle dévorée des yeux, dans une jolie victoria traînée par les deux chevaux noirs de Martial.

Le bruit fut si grand dans le demi-monde qu'il en vint aux oreilles de Mlle d'Armaillac. Elle apprit que le comte de Briançon s'affichait partout avec une nouvelle maîtresse, qu'on disait plus jolie encore que Marguerite Aumont.

Ce bruit, qui frappa l'oreille de Jeanne, alla-t-il jusqu'à son cœur ?

Un soir, à une première représentation du Vaudeville, comme elle était avec la princesse Charlotte dans l'avant-scène de droite, elle vit apparaître en face une figure de sa connaissance, mais si bien métamorphosée qu'elle ne pouvait la reconnaître.

— Elle est bien jolie, lui dit la duchesse, cette fille qui vient d'entrer là-bas dans l'avant-scène du rez-de-chaussée.

— Oui, c'est un rayonnement. Je l'ai déjà vue je ne sais où. Je cherche, mais il m'est impossible de me rappeler qui elle est ni d'où elle vient.

Le spectacle commença, mais pour Mlle d'Armaillac le spectacle c'était celui de l'avant-scène.

La jeune fille n'était pas entrée toute seule. Un homme l'avait suivie, mais il se cachait si bien dans l'ombre au fond de la loge, qu'il était impossible de voir sa figure.

Quand il passa la lorgnette à celle qu'il avait amenée, Jeanne tressaillit, un vague souvenir frappa son cœur.

Peu à peu, comme si cet homme se fût enhardi, il se mit plus en lumière, si bien que Jeanne s'écria : — M. de Briançon !

C'était lui en effet, mais comme il avait reconnu Mlle d'Armaillac, il se remit dans l'ombre, comme s'il ne voulût pas qu'elle le vit.

— Regardez bien, dit Jeanne à la princesse, n'est-ce pas que c'est M. de Briançon ?

— Oui, dit la princesse, mais je ne voulais pas vous le dire. Est-ce que c'est sa maîtresse, cette fille qui est là en avant ?

— Je suppose que ce n'est pas sa sœur, répondit Jeanne.

— Ma foi, reprit la princesse, il ne faut pas lui en vouloir, car elle est bien jolie. La beauté est toujours une excuse.

Jeanne lorgnait la femme qui était avec Martial.

— Ce qu'il y a de plus étrange, dit-elle, c'est que décidément cette fille ne m'est pas inconnue.

Et elle cherchait, et elle cherchait encore, et elle cherchait toujours.

Cependant celle qui était avec Martial s'acclimatait avec beaucoup d'abandon dans l'avant-scène.

Les femmes ne s'étonnent jamais de la fortune non plus que de la bonne fortune. Il semble qu'elles aient pris en tétant les habitudes du luxe. L'homme au contraire semble avoir oublié qu'il a été bercé mollement sur le sein de sa mère ou de sa nourrice. En quelques jours la maîtresse de Martial s'était métamorphosée sans surprise. C'était pour elle la chose du monde la plus naturelle, d'habiller sa beauté par de belles robes, d'aller au bois dans une victoria traînée par de beaux chevaux, d'être à une première représentation dans une avant-scène, avec des fleurs et des bonbons, en compagnie d'un des hommes les plus à la mode.

Aussi il fallait voir comme elle faisait bonne figure à l'avant-scène.

Et ainsi elle devait toujours faire bonne figure dans la vie extra-mondaine quelle que fût l'avant-scène.

Elle avait trouvé du même coup son homme

et son heure, ce qui n'arrive jamais aux femmes.

— Oh! mon Dieu, dit tout à coup Mlle d'Armaillac, en saisissant le bras de la princesse.

— Qu'avez-vous donc? dit la belle Charlotte qui s'intéressait au spectacle de la scène et non de l'avant-scène.

— Ce que j'ai! Figurez-vous, ma chère amie, que cette femme que vous voyez en face, cette femme qui est la maîtresse de Martial...

— Eh bien?

— Eh bien, cette femme, c'est Mlle Aubépine, une fillette que j'ai sauvée des embrassemnts du duc d'Obanos.

— Quoi de plus naturel? dit la duchesse, il fallait bien que la vertu fût récompensée et que votre bienfait ne fût pas perdu.

Et la princesse continua à regarder le spectacle de la scène. Mais Jeanne, qui ne voyait toujours que l'avant-scène, lui contait comment elle était trahie dans toutes ses croyances à la vertu. Elle avait obtenu du duc d'Obanos dix mille francs pour cette fillette qui l'avait remerciée par des larmes de joie.

— Croiriez-vous, ma chère amie, que cette

fille m'avait juré qu'elle viendrait à moi chaque fois que sa vertu serait en péril, car je voulais me donner le luxe de sauver une femme. Eh bien, la voilà dans les bras de...

Mlle d'Armaillac faillit dire « de mon amant. »

— Eh bien, qu'est-ce que ça vous fait? dit la princesse impatientée.

Jeanne baissa la tête.

— C'est vrai, dit-elle en cachant son cœur.

LIVRE XIII

LES VENGEANCES FÉMININES

MADAME ANONYME.

I.

LE TRÉBUCHET.

MADEMOISELLE Jeanne d'Armaillac reçut un matin un petit billet qui ne renfermait que ces mots :

Boulevard Haussmann, 176.

« Mademoiselle,

« Je vous ai vue chez la Princesse ***. Je vous
« ai vue à l'Élysée. Je vous ai vue à Saint-Au-
« gustin. J'aurais bien voulu que nous fussions
« présentées l'une à l'autre. Je réunis ce soir
« quelques amis. Je serais bien heureuse si vous

« veniez passer une heure avec nous. Vous feriez
« la joie de la marquise Monti, qui aime la beauté
« avec adoration. Vous vous trouverez d'ailleurs
« en pays de connaissance, puisque la duchesse ***
« viendra. On babillera, on prendra du café glacé
« et on fera un tour de valse.

« En toute hâte, une amie inconnue :

« La comtesse d'Armonville. »

Jeanne chercha dans ses souvenirs, mais ne trouva pas la figure de la comtesse. La lettre était écrite par une jolie patte féminine, une écriture incisive et caractéristique. Ce n'était pas une plume qui courait à l'aventure, c'était un travail raisonné.

L'enveloppe portait une couronne de comtesse, imprimée en rouge. Sur la lettre il y avait une M majuscule, qui bordait toute la page. Pourquoi n'était-ce pas l'initiale? Qu'importe, tout cela sentait bon.

Mlle d'Armaillac alla bien vite chez la duchesse pour la questionner, mais la duchesse, partie pour Versailles, ne devait revenir que le soir. Elle revint et demanda un conseil à sa mère, qui lui dit que les d'Armonville étaient de très-haute famille, mais que l'invitation lui semblait à trop bref délai.

— Mais, ajouta-t-elle, tout se fait à la diable aujourd'hui. C'est à qui bravera les lois du monde et les décrets de l'étiquette.

Mme d'Armaillac avait peur que l'aventure de sa fille, transperçant çà et là, ne lui fermât les salons collet-montés ; elle ne voulait pas la détourner d'une nouvelle amitié qui s'annonçait si bien.

— Va à cette petite soirée, lui dit-elle.

— Viens avec moi.

— Tu sais bien que je ne sors que les grands jours. Tu prendras la duchesse en passant.

Le soir venu, Jeanne se fit belle, mais dans le style simple.

Quand elle fut sur le point de partir, sa psyché lui conseilla d'être un peu moins simple, il lui sembla qu'elle était « éteinte. » Elle voulut être rayonnante.

— Après tout, dit-elle, pourquoi n'irais-je pas là avec le collier de perles? Ma mère a assez de bijoux pour qu'on ne s'étonne pas de me voir trois cents perles sur le cou.

Dès qu'elle eut attaché le collier, elle se trouva resplendissante.

— Eh bien décidément, dit-elle, il faut qu'une femme soit encadrée comme un tableau.

Elle se fit conduire chez la duchesse, mais sa belle amie, revenue de Versailles, était déjà repartie.

Elle rencontra la femme de chambre sous la porte cochère.

— Vous arrivez trop tard, mademoiselle, car madame la princesse est sortie.

— En robe de bal?

— Oui, en robe de bal.

— Est-ce qu'elle est allée boulevard Haussmann, 176?

— Oui, boulevard Hausmann, 176.

Mlle d'Armaillac ne douta donc pas que la princesse ne fût chez Mme d'Armonville.

En moins de quelques minutes, Jeanne fut au n° 176 du boulevard Haussmann. La maison lui fut indiquée par une queue d'équipages parmi lesquels on voyait à peine trois ou quatre fiacres.

— J'ai bien fait de venir, dit Jeanne en montant l'escalier, seulement j'ai peur qu'il n'y ait trop de monde.

Elle avait demandé le nom de la comtesse au concierge, qui lui avait dit : « Suivez ces dames. »

En effet, deux dames montaient l'escalier. Vues de dos, c'étaient deux femmes de la plus haute distinction. Elles se suivaient à distance et respectueusement parce que leurs traînes remplissaient un demi-étage.

— Il paraît, dit Jeanne, que je ne suis pas tout à fait à la mode. Et pourtant la queue de ma robe mesure près de trois mètres.

Elle regarda sa traîne comme si elle craignit de la trouver trop modeste.

Au vestiaire, les deux dames qui ne se connaissaient que de loin se regardèrent comme deux chiens de faïence, ne voulant commencer ni l'une ni l'autre à se saluer ; ce jeu leur donna un air de fierté qui trompa Mlle d'Armaillac.

Il lui sembla qu'elle avait vu ces dames au bois, ou à la messe, ou au sermon. Elle jugea que c'étaient des étrangères, sans doute venues tout exprès de San-Francisco ou de Mexico pour exagérer la mode parisienne.

Pendant que ces deux dames refaisaient leur figure au vestiaire, Mlle d'Armaillac, qui ne travaillait pas la sienne dans le monde, se présenta dans l'antichambre de Mme la comtesse d'Armonville.

Elle donna son nom à un domestique bien campé qui semblait n'être là que pour faire l'annonce au public. Aussi cet homme cria-t-il à haute voix par la porte du salon :

— Mlle d'Armaillac.

Ce fut un effet tout théâtral. La jeune fille chercha des yeux pour rencontrer ceux de la dame de la maison. Or, la dame de la maison, c'était la trop célèbre Mme d'Arcé : rien du nobiliaire de France. Mme d'Arcé par-ci, Mme d'Arcé par-là. Celle qui a couru tous les steeple-chase des galantes aventures. Celle qui s'est risquée un soir à la rampe du Théâtre des Variétés. Celle qui a vendu deux fois ses bijoux. Celle qui a été trois fois ruinée. Celle qui a été quatre fois blonde et quatre fois brune, mais toujours des yeux à l'encre de Chine. Pas un mot de plus, vous la reconnaissez, même si vous ne l'avez jamais vue.

Pour le quart d'heure, elle refaisait son jeu de femme du monde, parce qu'il lui était revenu, comme par miracle, un ex-amoureux de Chicago. Aussi avait-elle été fort sévère pour son personnel : à peine quelques dames du lac, beaucoup de femmes déchues, mais plus ou moins mariées. Le demi-monde dans tout son frou-frou.

Pour la circonstance, elle avait pris le nom d'Armonville, tout comme elle avait pris le nom de Mme d'Arcé.

Elle vint vers Mlle d'Armaillac tout en agitant son éventail.

— Madame...

— Est-ce que la duchesse est arrivée?

— La duchesse !

— Mme d'Armonville, croyant que Jeanne voulait rire, répondit en souriant :

— Mais toutes les duchesses sont arrivées, il ne manquait plus que vous.

Elle ne connaissait pas Mlle d'Armaillac. Elle se demandait comment elle venait ainsi chez elle, sans avoir eu l'honneur de lui être présentée. Un peu plus elle ne la recevait pas! Elle y mit du laisser-aller et voulut bien se donner la peine de conduire Mlle d'Armaillac dans le petit salon, où elle la présenta à une de ses amies.

Cette amie, c'était Marie Leblanc, ci-devant Mme Charles Fleuriot; cette amie, c'était « un Ange sur la Terre. »

— Ma chère comtesse, lui dit Mme d'Arcé, je

te présente Mlle d'Armaillac. Tu vois que je ne reçois que du beau monde.

Naturellement un « Ange sur la Terre » avait aussi dans le demi-monde un titre de comtesse.

Marie Leblanc daigna se lever à demi pour saluer Jeanne.

— Je ne vous connaissais pas sous ce nom-là, lui dit-elle, avec une pointe d'impertinence.

Car elle voulait lui rappeler qu'elles s'étaient rencontrées chez le duc d'Obanos.

Mlle d'Armaillac frappa Marie Leblanc d'un regard de haut dédain. Elle voulait ne pas lui répondre, mais elle laissa tomber ces quelques mots :

— Quand je vais quelque part avec un masque, je ne permets à personne de me démasquer.

Marie Leblanc comprit.

— Ma foi, répliqua-t-elle, vous êtes bien tombée ici.

Mlle d'Armaillac s'aperçut que la veuve du commandant Fleuriot attachait ses yeux au collier du duc d'Obanos.

— Je suis perdue, pensa-t-elle.

Elle se sentait trahie. Déjà, à son entrée dans le premier salon, elle avait eu l'idée de battre en retraite, mais elle avait marché en avant comme si elle eût obéi à la fatalité.

Elle regarda autour d'elle pour chercher une figure de connaissance; elle vit des figures qui étaient connues de tout le monde, excepté d'elle. Mme d'Arcé avait voulu n'avoir que des femmes du monde ou tout au moins du demi-monde. Mais elle avait eu beau se rebaptiser la comtesse d'Armonville et faire un appel à toute la société étrangère, il ne lui était venu que trois ou quatre femmes égarées à Paris et se hasardant dans tous les chemins. En revanche, quoiqu'elle se fût promis de rompre avec ses amies de tous les temps, il en était venu beaucoup. On sait que ces dames s'amènent les unes les autres.

Une d'elles, à qui on demandait pourquoi elle était venue sans invitation, répondit ingénûment : « Pourquoi m'aurait-on envoyé une invitation, puisque je ne sais pas lire? »

Si bien que Mlle d'Armaillac se trouvait dans une compagnie de hautes filles de joie, tempérée par quelques pauvres femmes « qui ne savaient pas le français. »

Elle était loin d'ailleurs de se douter de la profondeur de l'abîme où elle venait se jeter de gaieté de cœur. On sait que les filles à la mode, quand elles se donnent des fêtes, prennent des airs de femmes du monde et s'efforcent d'avoir une tenue de duchesse. Ce n'est qu'après trois ou quatre valses que le naturel revient au galop.

On n'en était pas encore là, on jouait de l'éventail, on prenait des airs penchés et des attitudes mélancoliques.

Mlle d'Armaillac ne voulant pas continuer la conversation avec un « Ange sur la Terre » retourna avec un air décidé vers la maîtresse de la maison qui caquetait avec deux gentilshommes du Turf et qui leur promettait de renfermer à double tour dans une armoire son homme de Chicago.

— Madame, dit tout à coup Jeanne à Mme d'Arcé, voulez-vous avoir la bonne grâce de me dire pourquoi vous m'avez fait l'honneur de m'inviter à votre bal?

— Ma foi, mademoiselle, je suis très-heureuse de vous voir ici, mais je n'ai pas eu l'honneur de vous inviter.

— Comment, vous ne m'avez pas invitée! mais j'ai une lettre de vous qui est bien explicite.

Vous me dites même dans cette lettre que je trouverai chez vous la duchesse ***. Vous me parlez d'une marquise Monti, qui veut me voir.

— Je vous avoue, madame, que je ne connais ni la duchesse ***, ni la marquise Monti.

— C'est une trahison, dit Jeanne, plus indignée encore. Mais qui donc a écrit cette lettre?

— C'est peut-être Mme Charles Fleuriot, car je me souviens qu'elle m'a parlé de vous.

Jeanne ne douta plus que ce guet-apens ne fût l'œuvre d'un « Ange sur la Terre. » Elle salua vaguement Mme d'Arcé et voulut s'en aller, mais voilà qu'à cet instant le comte de Briançon apparut à la porte.

II.

FLEUR DU MAL.

MADEMOISELLE d'Armaillac se demandait si elle était bien éveillée. Combien de bourgeoises qui rêvent qu'elles vont à la cour! combien de grandes dames qui se voient en songe parmi les femmes galantes!

— Eh mon Dieu, dit Jeanne en se retournant, tout cela est l'œuvre de cette femme, qui ne me pardonne pas de m'avoir vue à minuit chez le duc d'Obanos.

Pour n'être pas vue par Martial, elle fut obligée de retourner dans le petit salon, au risque de se heurter à la veuve du commandant.

Naturellement elle la retrouva devant elle,

debout, victorieuse, impertinente, savourant sa vengeance.

Il y avait tant de monde dans le petit salon que Mlle d'Armaillac ne put passer outre. Il lui fallut subir le sourire de Marie Leblanc; bien plus, pour ne pas éveiller la curiosité, elle voulut bien lui parler encore.

— Madame, lui dit-elle, est-ce que je puis sortir par ce petit salon?

— Oui, mademoiselle, répondit Marie Leblanc, avec sa grâce onduleuse, mais vous êtes trop belle pour vous en aller sitôt.

Et comme les hommes et les femmes faisaient cercle pour ces deux beautés, car on sait qu'un « Ange sur la Terre » avait la plus adorable figure du monde, Mme Charles Fleuriot ajouta d'une voix bien distincte :

— Et puis, en vérité, ce merveilleux collier de perles s'ennuierait de rentrer sitôt dans son écrin.

Certes, si on pouvait tuer une femme d'un regard, la femme du commandant aurait été le rejoindre outre-tombe à l'instant même. Mais ce coup de poignard de Jeanne, loin de la désarmer, la fit plus méchante.

— Je le connais bien ce collier de perles; je l'ai mis un soir et j'ai failli le garder.

— Nous avons donc le même bijoutier, madame?

— Oui, mademoiselle; c'est un bijoutier inépuisable; il a une armoire à perles, une armoire à diamants, une armoire à pierres de couleur. C'est une féerie.

Jamais, au cinquième acte d'un drame, les spectateurs n'avaient écouté avec plus de silence. C'était terrible.

— Et comment s'appelle ce bijoutier? demanda La Taciturne, car elle était là.

Jeanne sembla n'avoir pas entendu, mais Marie Leblanc allait répondre quand tout à coup on vit entrer en scène Mlle Fleur du Mal.

Depuis quelques minutes, elle suivait des yeux Mlle d'Armaillac; elle ne comprenait rien à la présence de cette jeune fille dans un tel monde. Elle n'osait l'aborder, car elle respectait son incognito chez le duc d'Obanos. Mais, quand elle vit cet horrible duel où Marie Leblanc, armée de toutes pièces, frappait en plein cœur, elle se jeta à la traverse.

Elle était d'ailleurs disposée à une bonne action, car elle avait été le jour même à Sainte-Geneviève faire brûler des cierges pour son fils, qui avait eu la rougeole.

Elle s'avança entre les deux combattantes comme un témoin qui jugerait dans un duel que les armes ne sont pas égales.

— Mademoiselle, dit-elle en s'adressant à Jeanne, je suis sûre que vous vous êtes trompée de porte : il fallait monter un étage de plus. Là vous auriez trouvé la princesse et vos amies chez Mme la comtesse d'Harville. Je sais qui vous êtes et je sais que vous n'êtes pas dans votre monde.

Mlle d'Armaillac reconnut Fleur du Mal dans tout l'imprévu d'une toilette invraisemblable où on avait brouillé les modes de Trianon et les modes du Directoire.

Elle était d'ailleurs très-provocante et très-agréable dans cette métamorphose.

— Vous avez raison, dit Jeanne en lui souriant de son meilleur sourire. Je me suis trompée de porte.

Mais Mme Charles Fleuriot n'avait pas fini.

— Il paraît, madame, que vous vous trompez souvent de porte, car je vous ai rencontrée un soir dans une autre maison où je ne vous attendais pas.

Mlle d'Armaillac laissa tomber de ses lèvres un « je ne vous connais pas, madame, » si dédaigneux et si hautain, que la jeune femme ne put parer le coup. Elle voulut riposter, mais Fleur du Mal entraînait Jeanne vers une chambre à coucher attenant au petit salon.

— Par là, mademoiselle, vous pouvez sortir si vous voulez.

Le comte de Briançon les suivait de près.

— Adieu, madame, dit Mlle d'Armaillac en tendant la main à Fleur du Mal, je vous remercie.

Comme elle s'était retournée avant de sortir par l'antichambre, son regard se croisa avec celui de Martial.

Autre duel.

Comme elle avait du courage, elle resta sur le seuil, comme pour combattre. Le comte de Briançon fit deux pas vers elle. Elle s'imagina que, déjà averti par un Ange sur la Terre, il regardait le collier du duc d'Obanos. Elle le défia de dire un mot par ses yeux si fiers.

Il s'approcha encore.

— Monsieur, lui dit-elle, vous vous êtes battu pour moi sans ma permission ; c'était me faire une injure sur un méchant propos.

Martial modéra l'amertume de son sourire.

— Mademoiselle, cette injure-là je vous la ferai peut-être encore demain. J'ai eu l'honneur de vous rencontrer dans le monde, je ne permettrai pas qu'il soit jamais mal parlé de vous.

En achevant ces mots, le comte de Briançon s'était approché de Mlle d'Armaillac. Quoiqu'elle se fût juré de ne plus jamais lui parler, quoiqu'elle se fût promis de ne pas le reconnaître, elle lui tendit la main, mais c'était pour lui dire *adieu*.

Ce fut bien vainement qu'il la voulut retenir : elle traversa l'antichambre et prit sa pelisse en toute hâte.

Elle allait descendre l'escalier quand Martial, qui l'avait suivie à distance, lui dit d'une voix timide :

— Je croyais que vous alliez au bal de Mme d'Harville.

Mme d'Harville était une amie de Mme de Tramont, mais qui connaissait à peine Mlle d'Armaillac. Elle ne l'invitait pas, parce qu'elle détestait sa mère.

— Non, répondit Jeanne, je ne vais pas chez Mme d'Harville.

— Vous avez tort, vous y trouveriez la duchesse.

Jeanne, qui ne voulait pas continuer la conversation, surtout sur l'escalier, ne put s'empêcher de remonter une marche.

— Écoutez, dit-elle à Martial, puisque nous nous sommes rencontrés dans ce mauvais lieu, je dois vous dire que je n'y suis venue qu'en me trompant de porte, mais je suis trop furieuse pour aller maintenant chez Mme d'Harville. Adieu, adieu, je ne vous arrache pas à votre monde.

Et sur ce dernier mot, dit d'une voix amère, Mlle d'Armaillac descendit au plus vite, sans retourner la tête. Elle se jeta dans le premier fiacre venu, buvant son humiliation, mais jurant de se venger comme se vengent les femmes.

Mlle d'Armaillac se demandait comment il était possible que ce guet-apens eût ainsi réussi ; elle ne doutait pas qu'il ne fût l'œuvre de Mme Charles Fleuriot. Au lieu de rentrer tout droit chez sa mère, elle se fit conduire chez le duc d'Obanos, décidée à l'attendre, s'il n'était pas rentré, dût-elle se heurter encore à quelque femme douteuse.

Il revenait de l'Opéra à l'instant même où elle rentrait. Il la rejoignit sur le perron.

— Quelle bonne fortune! lui dit-il.

— Dites plutôt quelle mauvaise fortune, murmura Jeanne en essayant de sourire.

Dès que le duc la vit en pleine lumière, il fut frappé de sa pâleur.

— Vous venez du bal, mademoiselle; c'est la valse qui vous a abattue ainsi.

Jeanne raconta toute l'histoire au grand d'Espagne.

Jamais lion rugissant sa colère, jamais serpent sifflant sa furie n'exprimèrent plus violemment la soif de la vengeance. Elle était superbe dans son indignation; elle allait, elle venait dans le petit salon comme une tigresse dans sa cage.

— En vérité, ma chère amie, lui dit le duc, vous êtes grande comme une héroïne d'Homère.

Jeanne le regarda fixement.

— Ne riez pas! Dites-moi comment je me vengerai de cette femme.

— C'est bien simple, il faut garder mon collier. Rien au monde ne lui fera plus de mal, car il y a plus d'un an que cette femme me supplie de le mettre à son cou. Mais je suis comme le roi d'Espagne, je ne prodigue pas les décorations; l'argent coûte moins cher.

Jeanne avait dégraffé le collier.

— Cette fois, dit-elle, c'est pour tout de bon. Ce collier, qui me caressait si doucement quand j'étais seule chez moi, m'a brûlé tout à l'heure dans ce mauvais monde comme s'il eût trois cents langues de feu.

Mlle d'Armaillac présenta le collier au duc d'Obanos.

— Ces pauvres perles, dit-il d'un air de regret. Jamais je ne retrouverai un si beau placement. Comme dit le poëte espagnol : « Vous me « dépeuplez l'univers de femmes. »

Jeanne regardait les perles, pour leur dire adieu.

— Baisez-les une dernière fois.

— Je vous dis que ce sont des braises ardentes.

— Comme vous avez tort de me les rendre ! c'est vous avouer vaincue devant cette femme. Je vous parle bien sérieusement : Maintenant que vous vous êtes montrée avec le collier, vous ne pouvez pas vous en dépouiller.

— Avant tout, je veux me venger ; que m'importe l'opinion de toutes ces femmes perdues? Ah oui, la vengeance est le plaisir des dieux et des femmes !

Jeanne marchait toujours à grands pas, l'œil en flammes, la narine mouvante.

Comme le duc souriait, elle s'imagina qu'il se moquait d'elle ; sa colère, qui n'avait pas encore tout à fait éclaté, lui donna une force surhumaine. Elle se trouvait devant une console. « Je vous dis que je me vengerai, » dit-elle en frappant du poing sur le marbre.

Le coup fut si rude que le marbre fut brisé.

Le duc, qui la suivait des yeux, se leva et vint en silence voir ce spectacle inouï.

Naturellement, devant un tel haut fait, la colère de Jeanne était tombée.

Ils se mirent à rire tous les deux.

— Eh bien, lui dit-il, je m'aperçois qu'il faut être de vos amis. Tudieu, quel beau coup de poing vous avez !

Mlle d'Armillac arracha son gant.

— C'est que je n'ai pas une main de petite

maîtresse, dit-elle. Voyez, vous pourriez mettre mon gant.

Le duc baisa la main et prouva qu'elle était idéalement belle, par le dessin.

— Et par la blancheur, dit Jeanne en montrant qu'elle était toute bleuie.

Mais elle ne perdait pas son idée fixe : l'idée de se venger.

— Voyez-vous, reprit-elle, je vais aller me coucher, mais je vous jure que je ne dormirai pas avant d'avoir trouvé ma revanche.

— Ma foi, j'augure que ce sera une rude revanche.

— Voulez-vous être de moitié?

— Oh non, ma chère amie, la vengeance est le plaisir des dieux et des femmes, mais ce n'est pas le plaisir des hommes.

— Eh bien, je ferai cela toute seule.

Elle tendit la main au duc d'Obanos et voulut s'en aller.

Il alla à elle et la prit doucement dans ses bras.

— Adieu, ma belle farouche, vengez-vous, mais aimez-moi.

Elle se laissa baiser au front.

Sa préoccupation était si grande qu'elle ne s'aperçut pas que le grand d'Espagne lui avait remis au cou le collier de perles.

Ce ne fut qu'à l'Arc de Triomphe qu'elle sentit les perles en rajustant sa pelisse.

Elle pensa à rebrousser chemin, mais elle était brisée par toutes ces émotions.

— Tant pis, dit-elle, je garde encore le collier.

Elle n'était pas endormie qu'elle avait trouvé sa vengeance.

III.

LE BACCARAT.

A trois jours de là, Mme Charles Fleuriot fut invitée à un souper chez une Mexicaine forte en couleur, qui était sur les confins des deux mondes. Chez cette étrangère on ne dansait pas, on jouait. Les femmes aiment beaucoup le jeu quand il y a des hommes pour faire le jeu. Mme Charles Fleuriot se croyait donc en bonne fortune dans une pareille maison. En effet, trouver des enjôleurs qui vous font des œillades et qui vous font jouer ou qui jouent pour vous, n'est-ce pas l'idéal des chercheuses d'aventures? surtout quand il y a un beau souper pour l'entr'acte.

« Un Ange sur la Terre » arriva chez la Mexicaine dans tout l'éclat de sa beauté, avec une robe fraîche et une coiffure rayonnante. Aussi la maîtresse de la maison lui dit-elle à son entrée :

— Vous êtes un vrai soleil; je vais éteindre quatre bougies.

Un crevé ajouta :

— On pourrait même éteindre toutes les bougies...

Ce à quoi la Mexicaine répliqua :

— On voit bien que vous avez beaucoup d'or pour jouer ce soir.

Menue monnaie de l'esprit demi-mondain.

On se mit à jouer au baccarat-chemin de fer. On s'enrichit et on se ruina à toute vapeur. Au bout de deux heures, un « Ange sur la Terre » disait tout haut pour la dixième fois :

— J'ai tout perdu.

Elle jouait l'argent des autres.

Elle ne disait pas qu'elle faisait passer au bleu — c'était la couleur de sa robe — tous les louis d'or qu'elle pouvait escamoter, afin que, si elle eût tout perdu, il lui restât, non pas l'honneur, mais l'argent.

Dans cette maison, c'était le luxe effréné des femmes, mais c'était le jeu effréné des hommes. Et il y avait des joueurs de toutes les nations. Le vieux monde et les nouveaux mondes étaient représentés : New-Calédoniens, Monesgasques, Mormons, Spartiates, Bougivaliens, toute la fleur des nationalités.

On soupa. Mais ce fut à peine si on prit le temps de faire des mines aux femmes qui, d'ailleurs, ne rêvaient que les mines argentifères.

On se remit au travail, une truffe d'une main et un marron glacé de l'autre. Il pouvait bien être trois heures du matin quand un nouveau venu fit sensation. Celui-là n'était pas attendu.

Les figures les plus étranges s'étaient montrées jusque-là sans faire sourciller les joueurs ni les joueuses. D'où vient que le nouveau venu imposa un silence de mort? C'est que c'était le commissaire de police et qu'il portait un drapeau tricolore à la ceinture.

— Mesdames et messieurs, dit-il en homme du monde, je suis fâché de vous interrompre, mais il y a ici des joueurs qui sont des repris de justice et des demoiselles en rupture de ban.

Le commissaire de police était accompagné de

quelques hommes du monde, en habit noir, mais qui avaient retiré leurs gants. Ces personnages, qui n'étaient pas de simples comparses, se mirent à l'œuvre. On fouilla celui-ci, on fouilla celle-là; on trouva du premier coup quatre jeux de cartes tout disposés pour faire la fortune de quatre joueurs.

Chose inouïe! un de ces quatre jeux fut trouvé dans la poche d'un « Ange sur la Terre. »

— Oh! s'écria sa voisine, elle avait une poche à sa robe.

— Que voulez-vous, dit une noble étrangère, pour aller jouer on met ses robes de jeu.

Pendant que ces dames parlaient, l'agent de police étalait trois poignées d'or prises après les cartes dans la poche de Mme Charles Fleuriot.

Ne croyez pas qu'elle montrât la moindre émotion. Elle se contenta de dire avec son perpétuel sourire virginal :

— C'est un jeu, car on m'a mis ça dans ma poche.

— Non, madame, ce n'est pas un jeu, c'est le jeu, dit le commissaire de police, en étudiant les cartes.

— Eh bien, reprit un « Ange sur la Terre, »

je vous jure que je n'avais pas de cartes sur moi.

— Madame, vous voyez bien qu'on n'a pas pris celles-là sur votre voisine.

Mme Charles Fleuriot se mit à pleurer, mais elle n'en fut pas moins appréhendée au corps et conduite à Saint-Lazare avec deux autres femmes qui en connaissaient bien le chemin.

— Pauvre femme, dit un des habitués de la maison quand elle fut partie, il faut avouer que ces commissaires de police sont terribles. Il y a des femmes qu'ils arrêtent parce qu'elles n'ont pas de cartes et d'autres parce qu'elles ont des cartes.

IV.

COMMENT ON GAGNE LE CIEL.

QUAND un « Ange sur la Terre » arriva à Saint-Lazare, elle pleurait de vraies larmes parce qu'elle n'était pas coupable. Elle avait joué en pillant çà et là quelques louis à ses voisins de table ; mais ce sont là des peccadilles qui ne comptent pas entre gens du demi-monde. Les femmes n'en sont que plus provocantes quand elles volent au jeu. On les voit faire et on les laisse faire. Ce vol n'est qu'un grappillage. Telle qui vole un louis ne volerait pas un billet de 500 francs. Or, dans l'esprit de Mme Fleuriot, avoir dans sa poche un jeu de cartes biseautées ou disposées pour faire un coup, c'était l'œuvre d'un voleur patenté digne des galères. Elle se demandait par quel miracle ce jeu de cartes se trouvait sur elle. Elle ne douta pas que ce ne fût une jalousie de femme. Mais elle avait beau chercher parmi toutes les femmes qui étaient à ce petit jeu d'enfer, aucune ne lui paraissait capable de cette infamie. Elle cherchait donc plus haut et plus loin. Tout à coup l'image de Mlle d'Armaillac, sa victime de l'avant-veille, passa sous ses yeux.

— C'est elle! s'écria-t-elle avec une jalousie renaissante.

Depuis qu'elle avait rencontré Jeanne chez le duc d'Obanos, le grand d'Espagne, qui jusque-là l'avait plus d'une fois appelée chez lui, ne donnait plus signe de vie. On ne perd pas ainsi un amant de si haute lignée et de si haute fortune. Aussi ne devait-elle jamais pardonner à Mlle d'Armaillac, qu'elle croyait la maîtresse en pied dans l'hôtel de l'avenue de l'Impératrice.

— C'est elle! dit-elle encore, je me vengerai!

On a vu que déjà elle s'était vengée cruellement. Il y avait là le commencement d'une tragédie renouvelée des Grecs.

Quand Mme Charles Fleuriot fut au greffe de

Saint-Lazare, lle dit qu'il y avait une méprise, qu'elle se sentait mourir de honte et d'indignation, qu'elle suppliait qu'on la conduisît tout droit à l'infirmerie et qu'on la mît entre les mains d'une sœur de charité, sinon d'un prêtre. Elle voulait se confesser avant que le délire ne la prît tout à fait.

Elle était si pâle, si douce, si candide que le greffier, qui était pourtant habitué à toutes les métamorphoses des Manon Lescaut surprises un soir d'orgie, ne put s'empêcher d'être ému. Plus il questionna « un Ange sur la Terre, » plus il fut convaincu qu'il y avait là une de ces méprises si communes dans les coups de filet qui amènent des femmes à Saint-Lazare.

Par exemple, peu de jours auparavant il était arrivé ceci : On poursuivait à outrance une fille perdue et irrétrouvable — ce méchant mot force ma plume. — On avait battu tous les quasi mauvais lieux.

Il s'agissait d'un vol de diamants pratiqué chez un orfévre. La fille qui avait des cheveux rouges s'était métamorphosée en femme comme il faut pour opérer dans un autre coin de Paris. On savait qu'elle avait de vieille date un amant par-dessus tous ses amants. On ne douta pas qu'un soir ou l'autre elle ne retournât chez lui. On établit une souricière.

— Voilà la dame qui passe, dit un soir un des agents. Voyez plutôt.

On vit descendre d'un joli coupé Mme Anonyme, une femme souple et légère, qui monta quatre à quatre les quatre étages de la maison.

On questionna vaguement le cocher, qui avait bien l'air du cocher d'une de ces petites dames.

— C'est cela, dit l'agent qui avait déjà parlé, le cocher fait la roue. Il est un peu paf. Il se refuse à toute éloquence; l'affaire est dans le sac.

Naturellement, le cocher n'avait pas parlé parce qu'il voyait bien que sa maîtresse n'était pas dans son chemin. On monta, on fit ouvrir de force, on mit la main sur la dame.

— Votre nom?
— Je ne le dirai pas.
— Vous êtes Mlle Dumoutiers.
— Non.
— Qui êtes-vous?
— Je ne veux pas vous répondre.
— Eh bien, vous répondrez à d'autres.

L'amant tout effrayé, puisqu'il savait bien qu'on prenait sa nouvelle maîtresse pour l'ancienne, saisit un revolver pour leur faire lâcher prise. Il ne fit que confirmer la conviction des agents et aggraver l'aventure.

On ne voulut plus rien entendre. Il eut beau prier, la femme eut beau crier, on emporta la dame à Saint-Lazare. Son amant lui fit escorte pour donner des explications. Mais on lui ferma la porte au nez en lui disant que la faveur d'entrer à Saint-Lazare était réservée au beau sexe.

Ce fut un scandale qui faillit perdre Mme Anonyme, qui, d'ailleurs, ne s'en releva pas, quoique renvoyée des fins de la plainte. Elle plaidait en séparation avec son mari, il y a trois mois. Nous la rencontrerons ailleurs.

Le greffier se laissa donc prendre aux airs divins d'un « Ange sur la Terre. » Il parla au directeur, qui vint voir la nouvelle venue. Ils convinrent que la jeune femme avait été sans doute trop brusquement appréhendée au corps, mais ils n'y pouvaient rien, sinon d'atténuer par quelques douceurs les aveuglements de la justice. Ils confièrent un « Ange sur la Terre » à une sœur de charité.

Dès que Mme Charles Fleuriot fut seule avec cette fille de Dieu, elle se jeta dans ses bras ; elle tomba à ses genoux et la supplia de lui épargner le contact de toutes les créatures qui peuplaient Saint-Lazare. La sœur de charité fut si touchée de la figure éplorée d'un « Ange sur la Terre » qu'elle la prit avec elle dans sa cellule en lui disant : « N'ayez pas peur, vos beaux cheveux ne tomberont pas ici. »

Dès le même jour on envoya chez Mme Charles Fleuriot chercher son costume de deuil ; car elle ne pouvait rester ainsi avec sa pelisse qui cachait mal ses épaules nues et sa toilette de bal. Elle s'arrangea en veuve avec tant d'art, tant de dignité et tant de candeur que dès le second jour elle accompagna partout les sœurs de charité comme une néophyte. Elle avait gagné tous les cœurs ; elle semblait si humble et si résignée que nul ne songeait parmi les prisonnières à la revendiquer comme une de ses pareilles. Les gens de service savaient bien à quoi s'en tenir, mais ils respectaient ce mystère, d'autant plus que Mme Charles Fleuriot était très-généreuse.

Elle attendait donc patiemment que ses requêtes au préfet de police, présentées par un ami bien en cour, la rendissent à la liberté. Mais, dès qu'elle aurait la clef des champs, comme elle en ferait voir de cruelles à Mlle d'Armaillac!

— Et pourtant, disait-elle, qui sait si ces cartes n'ont pas été mises dans ma poche par quelque joueur effronté, au moment où le commissaire de police est entré? Mais c'est égal, c'est Mlle d'Armaillac qui me paiera toutes ces misères.

V.

CES DAMES A SAINT-LAZARE.

On sait qu'il est difficile de pénétrer à Saint-Lazare. Il ne faut pas troubler ces demoiselles dans leur retraite, au milieu de leur travail et de leurs prières.

Toutefois, il suffit de connaître un magistrat de bonne volonté pour être autorisé à l'accompagner dans ce sacré refuge des plus profanes.

Mlle d'Armaillac, qui savait que sa petite comédie avait réussi, voulut savourer sa vengeance, tant elle s'indignait encore d'avoir été prise au trébuchet d'un « Ange sur la Terre. » Elle connaissait un magistrat — je ne parle pas de M. Delamarre, qu'elle ne connaissait plus —

mais un grave conseiller à la cour, fort mondain et fort ami des dames, qui se prêta de fort bonne grâce à cette partie de plaisir, d'autant plus qu'il était curieux lui-même de voir ces demoiselles chez elles, selon l'expression de Jeanne.

Un jour vers une heure, après la récréation de ces demoiselles, on vit arriver à Saint-Lazare, avec une permission du préfet de police, le Conseiller à la cour, un Représentant du peuple, Mlle Jeanne d'Armaillac et Mme de Tramont.

— Il faudra les voir toutes, dit plusieurs fois Jeanne.

Elle voulait à son tour reconnaitre Mme Charles Fleuriot, comme celle-ci l'avait reconnue chez la comtesse d'Armonville.

— Soyez tranquille, dit le Conseiller, quand je voyage j'ai cent yeux et je veux voir dans tous les coins.

— Et moi donc, dit le Représentant du peuple, ce sera une occasion pour moi d'étudier le système pénitentiaire.

Mme de Tramont se boucha les oreilles :

— Chut! vous allez faire un discours.

Nous ne suivrons pas ici pas à pas cette petite caravane par les défilés de Saint-Lazare. C'est un voyage à perte de vue. L'homme le plus expérimenté ne s'y retrouverait pas s'il n'avait un guide dans le porte-clefs.

Les quatre voyageurs avaient déjà vu bien des choses. Ils s'étonnaient que toutes ces filles prissent si gaiement leur parti d'être séquestrées du monde et d'être punies par où elles pèchent : l'amour des robes et des bijoux leur ouvrent des spirales de l'enfer du Dante, puisque toute coquetterie leur est interdite, puisqu'elles sont vêtues de bure et qu'elles n'ont plus de cheveux, cette première et cette dernière parure de la femme.

— Je voudrais bien la voir sans cheveux, se disait Mlle d'Armaillac.

Mais elle avait vu des femmes partout, celles qui sont aux machines à coudre comme celles qui se croisent les bras, celles qui sont à l'infirmerie comme celles qui sont en cellule, sans reconnaître Mme Charles Fleuriot. Et pourtant elle était bien à Saint Lazare. Où se cachait-elle donc ?

Le péché de curiosité, qui n'est pas tout à fait un péché mortel, n'abandonne jamais les femmes, même quand elles sont devenues sœurs de charité. Elles font semblant de ne voir que Dieu, mais elles jettent un coup d'œil à la dérobée sur la comédie humaine. Aussi ne se privent-elles jamais du spectacle nouveau. C'est pour elles comme un écho lointain du monde où elles ne sont plus. Quand il vient des curieux, elles sont elles-mêmes curieuses.

Ce jour-là, les sœurs de charité ayant appris que deux belles dames se promenaient par la maison, elles voulurent toutes être de la fête et régaler leurs yeux des modes nouvelles. Elles savaient qu'on irait à la chapelle. Elles allèrent prier une fois de plus.

Naturellement, la jeune veuve tout en noir était parmi elles.

La chapelle est bientôt vue. Elle est toute blanche; pas un objet d'art ne frappe les yeux, si bien que Mlle d'Armaillac et Mme de Tramont ne regardaient que les sœurs de charité.

Un Ange sur la Terre, qui priait des lèvres, tout en dévisageant les deux dames, avait du premier coup reconnu Mlle d'Armaillac, qui ne la reconnaissait pas, ne pouvant s'imaginer qu'on fût jetée à Saint-Lazare comme une femme perdue, pour y être à peu près sœur de charité.

— C'est elle! dit Jeanne tout à coup avec surprise.

Elle ne voulait pas perdre l'occasion de marquer sa vengeance. Elle s'avança vers Mme Charles Fleuriot :

— Comment, madame, vous vous êtes retirée du monde?

— Oui, madame. J'ai pris le monde en horreur. Voyez-vous, celles qui sont à Saint-Lazare ne valent pas moins que celles qui sont dans les salons.

— Peut-être parce qu'elles se repentent.

La conversation ne pouvait pas durer longtemps entre Mme Charles Fleuriot et Mlle d'Armaillac, puisque déjà le conseiller, entraînant Mme de Tramont, était sorti de la chapelle. Jeanne, d'ailleurs, ne demandait pas à en dire davantage. Son but était de voir un Ange sur la Terre sous les verrous : n'avait-elle pas touché le but? On avait quelque peu doré les chaînes de la prisonnière, mais enfin elle était enchaînée.

— C'est tout ce que nous avons à voir? dit le conseiller en se retournant vers le porte-clefs qui conduisait la caravane.

— Mon Dieu oui, répondit cet homme, cependant nous avons ici, depuis huit jours, quelques femmes célèbres sur le pavé de Paris.

— Quelles femmes?

— Je ne les connais pas. On dit que ce sont des proxénètes, ce qui veut dire qu'elles font des mariages de la main gauche.

— Je dois les avoir vues, dit le conseiller gaiement. Il y a deux ans, quand je présidais les assises, elles sont toutes venues pour détournement de mineures.

— Si vous voulez jeter un coup d'œil sur ces figures-là, nous allons remonter.

— Certainement, il faut tout voir, s'écria Mme de Tramont.

Les proxénètes étaient à la pistole presque aussi bien que chez elles, où la pistole manquait souvent.

Elles tuaient le temps en jouant aux cartes ou en se faisant les cartes. Quand le porte-clefs ouvrit la porte, elles se disputaient tout justement sur un coup douteux, s'accusant toutes d'avoir triché.

Mlle d'Armaillac fut effrayée par ces quatre horribles figures, qui représentaient le vice suranné., infâmes expressions marquées par la débauche; elles levèrent toutes les quatre leurs têtes insolentes, qui ne s'inclinent jamais qu'au palais de justice. Elles reluquèrent d'un air curieux Mme de Tramont et Mlle d'Armaillac, tout en pensant sans doute qu'elles voudraient bien faire quelque chose de ces beautés-là. Comme Jeanne sortait la première de leur chambre, elle retrouva sur le seuil un Ange sur la Terre qui s'était fait ouvrir la porte voisine par le porte-clefs.

— Tenez, mademoiselle, dit-elle à Mlle d'Armaillac, voilà encore un spectacle curieux.

Jeanne avança et passa sans défiance dans la chambre d'à côté.

— Plus loin, dit Mme Charles Fleuriot, vous allez voir le mal à sa racine. Trois jeunes filles ramassées dans la rue, qui n'ont pas encore quinze ans.

Une seconde porte de cette chambre s'ouvrait sur un grand galetas mansardé où on avait jeté la veille quelques petites drôlesses prévenues de quelques galants vagabondages.

Quand on lit un mauvais livre, on s'attarde aux plus mauvaises pages : Mlle d'Armaillac s'aventura donc dans le galetas, croyant qu'elle était suivie par Mme de Tramont. Elle assista à un abominable spectacle : toutes ces fillettes dansaient le cancan, comme si elles eussent été à l'école de M. Markowski. En voyant Jeanne, elles s'arrêtèrent tout à coup dans la peur d'être punies. Mlle d'Armaillac s'étonna de voir comme elles avaient déjà l'art de prendre des figures de Sainte-Nitouche pour tromper leur monde. Se voyant seule, elle retourna dans la première pièce et ne fut pas peu surprise de voir la porte fermée.

— Blanche! Blanche! Blanche! dit-elle en élevant la voix.

Mais Mme de Tramont n'entendait pas, elle redescendait déjà l'escalier.

Jeanne pâlit de peur et de colère; elle se sentit emprisonnée, — emprisonnée par un Ange sur la Terre : c'était le contre-coup de sa vengeance.

Elle frappa rudement à la porte; on sembla ne pas entendre. Mme Charles Fleuriot n'avait pas manqué de dire aux visiteurs que Mlle d'Armaillac était partie en avant.

Cependant Jeanne frappait toujours. Et quand elle avait frappé elle appelait. C'était tout à la fois horrible et comique, car les fillettes étaient venues de son côté pour rire de sa mésaventure.

—Attendez, mademoiselle, lui dit l'une d'elles, nous allons vous délivrer en faisant un bruit d'enfer.

Ce qui fut dit fut fait. Toutes ces gamines se remirent à danser; mais tout à l'heure elles dansaient pour ainsi dire en silence, dans la peur d'être prises, tandis que maintenant elles dansaient en s'accompagnant par des quadrilles chantés. Jamais la Belle Hélène et Mme Angot n'avaient été à pareille fête. Aussi Jeanne ne songeait plus à secouer la porte, ni à appeler, bien convaincue que les gardiens allaient survenir pour mettre le holà.

En effet, la porte s'ouvrit; la première figure que vit Mlle d'Armaillac, ce fut Mme Charles Fleuriot, qui précédait le porte-clefs, en compagnie d'une sœur de charité.

— Comment, mademoiselle, dit la sœur de charité, on vous avait enfermée!

Jeanne passa rapide comme une flèche pour ne pas tordre le cou à un Ange sur la Terre; mais celle qui venait de se venger à son tour lui cria : — Adieu, mademoiselle; on pourra dire que vous avez été emprisonnée à Saint-Lazare.

LIVRE XIV

LA PRINCESSE AU GRAIN DE BEAUTÉ

MADEMOISELLE TOUTYVA.

I.

OU MÈNE L'AMOUR PLATONIQUE.

Ici nous conterons une aventure nocturne où nous reverrons la princesse au grain de beauté, Mlle d'Armaillac et Mlle Fleur du Mal.

On nous permettra de prendre le chemin des écoliers pour rencontrer de nouvelles figures dignes de votre curiosité.

Vous savez que la princesse n'était pas une vertu sans peur et sans reproche.

Elle se croyait cuirassée par sa moquerie. On n'a pas oublié qu'elle avait trouvé deux fois « déjà son maître dans le combat singulier. »

Pour se consoler, elle se disait à elle-même qu'elle avait été surprise. Elle croyait que désormais elle serait toujours sur ses gardes.

Quand elle rencontrait son dernier amant, elle partait d'un si vif éclat de rire, elle le regardait avec une si belle impertinence, elle semblait avoir si bien oublié qu'il n'osait plus se souvenir.

Elle n'en continuait pas moins à jouer de l'éventail. Elle s'amusait cruellement à faire le ravage avec ses yeux charmeurs. On ne pouvait pas la regarder sans être troublé jusqu'au fond de son âme.

Il y a des femmes qui vivent de l'amour qu'on leur inspire, il y en a d'autres qui vivent de l'amour qu'elles donnent.

On a dit : La plus belle fille du monde ne peut donner que ce qu'elle a. On a dit une bêtise, puisque la plus belle fille du monde peut donner l'amour sans l'avoir.

Ainsi faisait la princesse. M. de Vielchatel, un capitaine de hussards de l'école de M. le marquis de G —, était fort amoureux d'elle. Il avait beau continuer à courir les aventures avec sa maîtresse, Mlle Fleur du Mal, il ne pouvait arracher de son cœur cette passion inattendue qui l'inquiétait.

Il aurait donné toutes ses maîtresses passées,

présentes et futures pour que la princesse tombât dans ses bras, éperdue et s'abandonnant. Mais jusque-là il avait beau jouer le désespoir, elle lui prouvait qu'elle était plus forte que lui au jeu des passions. Il n'était à ses pieds que pour son amusement. Quand il recommençait son grand air elle riait aux éclats.

Et il était désarmé.

Il y avait déjà six semaines que cette comédie se continuait, tantôt dans les dernières fêtes de l'hiver, tantôt au concert Musard, tantôt à l'Opéra, tantôt chez elle; car il était reçu comme tout le monde, quoique plus amoureux que tout le monde.

Le plus souvent la princesse renvoyait le vicomte à Mlle Fleur du Mal, qu'elle rencontrait au bois et qu'elle trouvait fort jolie.

— Voyez-vous, mon cher ami, lui disait-elle, vous avez tort de stationner chez les femmes du monde. Les plus débonnaires vous feront perdre du temps. Quand on a, comme vous, trouvé l'amour à brûle-pourpoint, il ne faut pas changer de cuisine. Une femme est une femme, comme un homme est un homme.

M. de Vielchatel soutenait à la princesse que

les femmes du monde avaient plus de ragoût que les courtisanes, parce qu'elles avaient le grain de sel de l'esprit, la duchesse répliquait qu'il était impossible qu'on fût plus bête ailleurs qu'autour d'elle.

Elle passait en revue toutes ses amies pour prouver qu'elles n'avaient pas inventé la poudre de riz.

— Mais vous, disait M. de Vielchatel, vous êtes la femme trois fois femme, par l'esprit, par le cœur et par le corps.

— De l'esprit peut-être, mon cher, mais ni cœur ni corps. Si vous cherchez le temporel, ne venez pas me voir. Il y a des femmes qui ont des bouches pour aimer, moi je n'ai une bouche que pour rire de l'amour.

Et elle riait.

Mais l'amoureux n'était pas convaincu ; il s'obstinait à cette conquête, ayant assez confiance en lui pour ne pas croire la princesse inaccessible.

Mais il avait beau mettre en jeu toutes ses batteries, il ne triomphait pas.

La belle Charlotte lui disait gaiement :

— Allez, allez, mon capitaine, faites feu de

toutes pièces, j'ai des salamandres sur mon blason.

Toutefois, elle prenait bien un certain plaisir à écouter les divagations de son amoureux, ainsi qu'elle avait fait avec les autres.

Comme elle n'avait plus peur de se laisser surprendre, elle lui accordait quelques privilèges. Elle ne voulait pas qu'il devînt son amant, mais elle ne voulait pas ne plus entendre ses chansons.

Le prince ne chantait plus.

Les maris devraient prendre conseil des oiseaux qui, à chaque renouveau, amusent leurs femelles par les miracles de leur voix.

C'est donc la faute des maris si les femmes ont des amoureux, mais c'est la faute des femmes si les femmes ont des amants.

On comprend que le vicomte de Vielchatel n'amusait pas Mlle Fleur du Mal et la duchesse avec les mêmes procédés. Il battait la première, il était suppliant aux pieds de la seconde. Qui sait si les rôles ne changeront pas?

On ne peut jurer de rien dans le royaume, que dis-je? dans la république de l'amour.

Quoique la princesse tint la dragée haute à

tout son cercle d'amoureux, elle permettait à quelques-uns les familiarités galantes qui sont les préliminaires des passions ou des aventures. On l'accusait dans le monde d'être trop douce aux hommes. Le prince, qui avait fermé les yeux parce qu'il était d'ailleurs aveuglé par son amour pour une drôlesse, s'avisa de devenir jaloux ; il dit à sa femme qu'elle outrageait sa couronne fermée.

La princesse se moqua de son mari ; et le renvoya à ses brebis galeuses. Mais c'était un homme qui avait ses mauvais jours ; il lui conseilla de se bien tenir, décidé qu'il était à faire maison nette de tous les amoureux. La belle Charlotte n'en crut pas un mot, aussi s'évertua-t-elle à plus de coquetterie encore.

Le vicomte de Vielchatel dépassait d'une tête tous ses rivaux. Il devait donc arriver premier. Quoique la princesse ne l'aimât point sérieusement, elle était quelque peu entraînée vers lui pour sa figure et pour son caractère : il ressemblait à Henri IV et il battait les femmes. La grande Catherine de Russie ne disait-elle pas qu'il vaut mieux d'être battue que de n'être pas aimée.

Tous les signes de la passion marquent dans l'esprit des femmes.

Mais comme le prince, qui ne battait ni sa femme ni les autres, ne voulait pas que la princesse fût battue par le vicomte de Vielchatel, il lui fit défendre la porte de son hôtel. Le suisse eut ordre de répondre chaque fois qu'il se présentait pour voir la princesse : « M. le prince n'y est pas. » Et la porte se refermait.

Le vicomte trouva la plaisanterie mauvaise ; il vint trois fois à l'hôtel, mais il ne vint pas une quatrième fois. Que faire, car il était éperdûment amoureux ; il n'avait pas quitté sa maîtresse pour cela, mais on sait que ces messieurs aiment dans les deux mondes.

La princesse avait son hôtel sur l'avenue des Champs-Élysées ; il vint plusieurs jours de suite caracoler à cheval ou fumer à pied devant l'hôtel, mais la belle Charlotte ne se mettait jamais à la fenêtre que du côté du jardin. L'amour est ingénieux : le vicomte loua, dans la rue Lord Byron, un petit appartement qui prenait jour sur le jardin en question. Or, comme le jardin n'était pas grand, on pouvait se voir de près, non pas se donner la main, mais se donner les yeux. Et quelles œillades! L'amour va bien plus vite à travers les obstacles, aussi la duchesse dit un jour à Mlle d'Armaillac :

— Décidément j'aime à moitié ce vicomte de Vielchatel.

— Si vous l'aimez à moitié, c'est que vous l'aimez tout à fait, répondit Jeanne. A la bonne heure, vous voilà prise, cela va m'amuser.

Parmi les priviléges accordés au beau vicomte, il en était un qu'il appréciait beaucoup.

La duchesse, qui s'ennuyait souvent la nuit, venait en peignoir, sur le balcon de sa chambre à coucher, respirer les aromes du jardin.

C'était la saison des roses.

Il y avait sous sa fenêtre un beau marronnier rose, qui depuis tout un mois était en fleurs. On eût dit un bouquet fantastique posé là par quelque fée géante.

Dans le parterre, le vent secouait les roses, les jasmins et les giroflées.

Mais sans doute, M. de Vielchatel jugeait que ce n'était pas assez de fleurs pour sa déesse, car tous les soirs les petites bouquetières bien connues des Champs-Élysées lui apportaient un bouquet d'un louis qu'il jetait sur le balcon de la dame, avec une adresse de jongleur indien, ce qui ne l'empêchait pas de jeter quelquefois le bouquet à côté.

Le mari trouvait qu'il y avait bien un peu beaucoup de fleurs chez madame ; on disait à monsieur qu'on n'avait pas d'autre luxe. On lui passait bien à lui sa panoplie ; pourquoi se gendarmerait-il contre des roses?

La duchesse ne descendait pas trop souvent dans son jardin, mais tout d'un coup elle se mit à aimer furieusement les roses, aussi ce fut un beau spectacle pour le vicomte de la voir tantôt seule, balayant le sable de sa traîne ondoyante, tantôt avec Mlle d'Armaillac, babillant comme de belles romanesques dans les parcs de Watteau.

Dans ce monde si affairé et si utilitaire, c'est un régal pour les yeux de voir de charmantes créatures qui semblent n'être mises au monde que pour sourire et qui n'ont rien à faire qu'à être belles. C'était l'opinion du vicomte, aussi n'aurait-il pas donné sa stalle à ce spectacle pour une première représentation à l'Opéra, ni aux Bouffes parisiens, théâtres ordinaires de Mlle Fleur du Mal.

Par malheur, le prince aussi avait une stalle à ce spectacle. Avait-il reconnu le vicomte à sa fenêtre, quoique celui-ci fût déguisé en turc depuis les babouches jusqu'au fez pour ne pas inquiéter le jaloux? Vingt fois M. de Vielchatel avait été sur le point de jeter un billet à sa chère princesse, mais il attendait toujours l'heure et le moment. Enfin un soir il fit mieux que cela, après quelques paroles doucement échangées, il descendit dans le petit jardin de la maison qu'il habitait et escalada le mur de séparation, comme il avait fait plus d'une fois dans la dernière guerre. La princesse fut effrayée et refusa de l'entendre, mais comme il la suivait vers le perron, elle se résigna, d'autant plus qu'elle aimait les périls romanesques. Il lui dit qu'il avait passé les dernières semaines à la rechercher dans le monde, qu'il mourait de chagrin de ne pas la voir, qu'il ne pouvait plus vivre sans elle.

— Oui, oui, dit la princesse, je connais cela, toute la friperie des lieux communs de l'amour. Avez-vous la prétention de m'enlever par-dessus le mur?

— Ne riez pas, je suis capable de tout.

— Eh bien, allez-vous-en.

Le vicomte ne s'en alla qu'à une condition plus ou moins acceptée, c'est que la nuit, pendant que le prince était au club où ailleurs, la duchesse descendrait dans le jardin pour parfiler le parfait amour avec lui. Il prit des airs tout à fait platoniques.

— Je n'en crois pas un mot, dit la princesse en riant, mais nous verrons.

Elle subit le charme et la volonté ; la nuit suivante elle se tint coi, mais la seconde nuit, vers onze heures du soir, elle descendit son perron comme une ombre blanche entraînée malgré elle.

M. de Vielchâtel ne fut pas long pour venir au rendez-vous. Il était si heureux qu'il la prit dans ses bras ; l'étreinte fut si douce qu'elle ne songea pas à s'offenser. On était d'ailleurs tout au sentiment. La princesse trouvait que cet homme, qui battait les femmes, était plus tendre que ses deux amants qui ne l'avaient pas battue, aussi fit-elle un pas de plus dans son amour. Elle disait tout à Mlle d'Armaillac, qui de son côté lui confiait combien elle aimait encore M. de Briançon, quoique sa curiosité de fille d'Ève la jetât presque dans les bras du duc d'Obanos.

Elles s'interrogeaient toutes les deux, elles se tiraient les cartes, elles voulaient savoir le lendemain parce qu'elles sentaient que l'amour est plus fort que la volonté et qu'elles n'étaient plus maîtresses d'elles-mêmes.

Un soir que les deux inséparables étaient assises sur les marches du perron, après le dîner, pendant que le prince fumait sous les arbres, M. de Vielchatel, qui ne le voyait pas, lança un billet par une sarbacane qui lui servait à inquiéter les oiseaux dans ses heures de désœuvrement. Le billet tomba aux pieds du prince ; il le ramassa et le déroula :

—Oh oh ! dit-il, c'est un roman.

Il lut ceci :

« Ma belle princesse,

« Ce soir, ciel sombre, pas une étoile, si ce
« n'est celle que je verrai luire à votre fenêtre ;
« n'oubliez pas, ô Juliette ! que Roméo sera
« sous le balcon. »

Point de signature.

Le prince frappa du pied, mais il domina sa colère.

— Moi aussi, je serai sous le balcon, dit-il.

Il marcha vers les deux dames; il ne fut pas si bête que de leur montrer le billet qu'il venait de trouver. Pour cacher son agitation, il entra dans la conversation par une plaisanterie de mauvais goût sur les lesbiennes.

— Au fond, dit-il, les femmes n'aiment pas les hommes, elles n'aiment que les femmes, les hommes ne sont là que pour l'intermède.

— Vous devenez fou, lui dit la princesse. Est-ce que maintenant vous allez être jaloux de Mlle d'Armaillac?

— Non, Dieu merci, et d'ailleurs je ne suis pas jaloux.

— Je crois bien! vous m'emprisonnez galamment dans votre amour comme dans un château enchanté! C'est heureux pour moi que Jeanne vienne me réveiller dans ma solitude.

— Votre solitude!

Le prince tenait sous les ongles le billet du vicomte.

Il sentit qu'il allait éclater.

— Adieu, dit-il en donnant une main à Mlle d'Armaillac et un doigt à sa femme.

Avant de sortir, il alla s'assurer que son revolver était en bon état.

— Ma femme dit que je n'ai pas d'amis, murmura-t-il, en voilà un qui ne me trahira pas!

Il sortit et revint bientôt — sans se faire annoncer.

La princesse était à minuit sur son balcon.

D'où vient que M. de Vielchatel n'était pas sous le marronnier rose?

C'est parce que M. Robert Amilton que vous ne connaissez pas, avait rencontré une chiffonnière que vous connaissez encore moins.

II.

UN DUELLISTE A OUTRANCE.

’était bien le roman le plus invraisemblable qui fût jamais que l'histoire de Robert Amilton.

Il y a des gens qui, dans la vie, ne peuvent pas faire un pas sans tomber dans un abîme ou sans danser sur la corde raide. Ils vont de l'impossible à l'impossible, de la tempête à la tempête, quand tant d'autres, les simples d'esprit, portent bêtement leur bât sur les rivages dorés.

Ce que je puis vous dire aujourd'hui, c'est que Robert Amilton en était arrivé en pleine misère, désespéré de tout, ne croyant plus à rien, furieux de n'avoir pas au moins dans sa poche un revolver pour le mot de la fin.

Quelle était son origine, sa famille, son éducation. Je n'en sais pas un mot. On l'avait vu un jour à Paris, côtoyant le beau monde sans en être officiellement. Était-il anglais? Peut-être n'était-il qu'anglomane. Il était irréprochable dans sa haute tenue. Grand, brun et beau, il portait trop haut la tête. Sa fortune? on n'en connaissait ni le commencement ni la fin. Il avait eu des chevaux à la mode et il avait mis ses maîtresses à la mode : Il disait qu'il n'en savait pas le nombre.

Mais à l'heure où il entre en scène dans cette histoire, il n'avait plus ni chevaux ni maîtresses. Il ne lui restait de sa splendeur éphémère que beaucoup d'impertinence. Il allait atteindre à sa trentième année, déjà désabusé de tout; non pas qu'il eût perdu ses illusions, car il n'en avait jamais eu, n'étant né ni poëte ni rêveur ; mais parce qu'il n'avait plus d'argent — total trop de femmes, trop de chevaux et trop de malheurs au baccarat. —

— C'est fini, dit-il mélancoliquement, j'ai partout brûlé mes vaisseaux, je n'ai plus qu'à me jeter dans le gouffre.

Qu'avait-il fait pour en arriver là? Il était

brave, beau, fier; il y avait en lui la désinvolture du gentilhomme, ou du comédien, ou du maître d'armes.

Il n'était ni gentilhomme, ni comédien, ni maître d'armes.

Mais c'était une fine lame, qui tuait galamment son homme pour un mot malsonnant. Il ne jouait pas mal la comédie avec les femmes. S'il n'était pas noble, il payait plus de mine que certains fils des croisés.

Il avait eu son dernier duel avec un de ses amis, devenu son ennemi tout naturellement pour lui avoir prêté dix louis.

Comme Robert s'obstinait à ne pas vouloir rendre ces dix louis, le prêteur trop impatient lui avait dit :

— Mon cher Robert, tu finiras pas t'appeler Robert-Macaire.

— Pardieu, s'écria Robert, voilà un trait d'union qui nous sépare à jamais. Je vous rendrai vos dix louis, monsieur, mais vous vous battrez avec moi.

Et ce qui fut dit fut fait.

Robert fit des prodiges pour trouver les dix louis.

Il les envoya à son ex-ami avec deux témoins.

L'ex-ami eut beau vouloir tourner le duel, dans la joie de revoir ses dix louis — et peut-être dans la crainte de ne pas les voir longtemps — il lui fallut aller sur le terrain.

Là, Robert était son maître. Il se contenta de le désarmer par une égratignure à la main.

Ce qui prouve une fois de plus qu'il ne faut jamais prêter dix louis à un ami, si on n'a pas la grandeur d'âme de passer cela dans les profits et pertes de l'amitié.

Quoiqu'il eût le caractère américain, risquant toujours le tout pour le tout, ayant confiance en lui pour les tentatives périlleuses, il ne voyait pas comment il pourrait refaire fortune. « Et d'ailleurs, disait-il, ce n'est pas la peine. » Il croyait que la trentième année sonnait le glas de la jeunesse. Or quand la jeunesse est morte, qu'est-ce que la vie? Une série à la noire, une déveine perpétuelle, une comédie où l'on joue les cocus imaginaires ou les malades imaginaires, si on ne les joue pas pour tout de bon. « Non, non, se disait-il, mon grand jeu est joué, je ne veux pas tomber dans les seconds rôles; brusquons le dénoûment. » Le navire faisait eau de toutes parts. Sa dernière planche de salut était une ancienne maîtresse qui lui donnait l'hospitalité, mais qui ne voulait plus lui donner son cœur. Comme il gardait toute son impertinence devant cette parvenue de l'amour, elle le mit à la porte.

Amilton résolut de se tuer le jour même. Or, ce jour-là, il voulut déjeuner gaiement, comme un gladiateur qui brave, avec un sourire, les ténèbres du tombeau. Il entra chez Bignon : toutes les tables du rez-de-chaussée étaient occupées ; il lui déplut de n'avoir pas, pour la dernière fois, sa place au banquet, aussi alla-t-il s'asseoir sans façon devant deux gentlemen qui déjeunaient pacifiquement. Robert frappa bruyamment sur la table pour être servi.

— Pardon, lui dit un des deux gentlemen, la table est prise.

— Monsieur, répondit Robert Amilton, la table est au dernier occupant.

Le second gentlemen, qui n'avait rien dit, se contenta de passer sa carte à ce trouble-fête.

— Votre carte, vous voulez jouer votre vie ?

Eh bien, monsieur, quand j'aurai déjeuné je vous dirai où sont mes témoins.

Robert Amilton avait là un ami qui vint lui faire des représentations.

— Je n'en démordrai pas d'une bouchée, dit-il en saisissant un plat de crevettes dans les mains d'un garçon.

On s'imagina qu'il était gris. Comme les deux offensés ne voulaient pas le prendre à la gorge, ils le laissèrent faire, mais bien décidés à avoir raison de lui dès qu'il serait dégrisé.

On se battit le lendemain à Saint-Cloud. Naturellement, comme Robert Amilton avait tort, il blessa son adversaire.

— C'est singulier, dit-il à un de ses témoins, vous voyez que j'ai quasi tué cet homme? eh bien, si je ne m'étais pas battu avec lui, je serais mort à cette heure.

On eut beau l'interroger, il ne voulut pas s'expliquer là-dessus. Quand il fut seul, il se dit :

— Voyons si je trouverai aujourd'hui une raison pour ne pas mourir.

Il alla aux Folies-Dramatiques, où il était bien connu, en disant qu'il avait une place dans la première avant-scène. Il y avait là deux cocottes à la mode. Elles le connaissaient de vieille date et elles lui permirent de s'asseoir près d'elles jusqu'au moment où arriveraient les chefs de leur commandite. Mais quand ces messieurs arrivèrent, Robert Amilton leur conseilla d'aller se promener, sous prétexte qu'il ne les connaissait pas. Et comme ces messieurs le voulaient prendre de haut avec lui, il saisit un des gants de ces dames pour le leur jeter à la figure.

— Voyez, mesdames, dit-il, pas un des deux n'aura le courage de ramasser votre gant.

Le gant fut ramassé, la force armée vint pour arracher de la loge Robert Amilton.

— Qu'importe, dit-il en saluant les dames, je n'ai pas perdu ma journée, puisque j'ai mon duel pour demain. Un duel, on peut se payer tous les jours ce plaisir-là à Paris.

Huit jours sans interruption ce singulier personnage eut son duel, à propos de ceci, à propos de cela, insolentant tout le monde, avec une pointe de savoir-vivre : il n'allait pas jusqu'à l'insulte, mais c'était pis pour les gens bien élevés, car on peut dédaigner une insulte, on ne passe pas sans se venger d'une impertinence.

Ce fut une comédie que celle des duels de Robert Amilton, car il y allait gaiement. Il disait à celui-ci : « Dérangez donc votre nez, qui m'empêche de voir mon chemin; » à celui-là : « Mettez votre lorgnon, car vous avez le mauvais œil. » Et tous les soirs, en se couchant, il s'excusait vis-à-vis de lui-même de ne pas mourir, sous le prétexte qu'il avait un duel pour le lendemain.

Cependant il était arrivé à ses dernières ressources, il avait fait argent de tout, il ne lui restait plus rien que ce qu'il portait sur lui; il changeait tous les soirs d'hôtel meublé, parce qu'il ne pouvait pas payer son gite de la veille. Il sentait même qu'il ne pourrait plus se battre en duel, parce qu'il ne trouverait plus de témoins : Tous les buveurs d'absinthe du café du Helder étaient sur les dents.

Un vendredi, Robert Amilton avait eu beau fouiller dans ses poches, il n'avait pu trouver de quoi dîner.

Ni en or, ni en argent, ni en billets de banque du Mont-de-Piété.

Il était près de minuit.

Toute la soirée, Robert avait arpenté le boulevard, depuis le Vaudeville jusque devant Brébant, comme s'il dût rencontrer un ami qui lui offrît à dîner.

Il avait rencontré quelques camarades qui ne lui avaient offert que des cigares.

Qui fume dine ; mais ce jour-là il avait eu beau fumer, son estomac criait la faim. Il lui semblait qu'il portait un abime.

Il ne pouvait pas, comme tant d'autres, entrer chez Brébant, au café Riche, à la maison d'Or, chez Bignon, sans s'inquiéter de l'addition. Car il y était trop connu pour s'y hasarder encore.

Quand il s'y présentait çà et là, abrité par un ami, on commençait par la fin. On lui apportait, non pas la carte à manger, mais la carte à payer.

A minuit et demi, une folle compagnie, quatre femmes, six hommes et deux Brésiliens pour faire la douzaine, descendirent bruyamment le grand escalier de Brébant.

On était allé à l'Opéra; on s'y était ennuyé comme en province; on était venu souper avant l'heure, pour s'amuser un peu. Le vin de Champagne console de tout, même de l'Opéra-Halanzier-gaiement. Et on y était allé gaiement.

Robert ne fut pas peu surpris de reconnaître parmi les dames une de celles qui l'avaient ruiné.

C'était Mlle Toutyva, bien connue à Paris depuis Saint-Lazare jusqu'au champ de courses.

On l'appelait mademoiselle, quoiqu'elle eut été mariée deux fois, je ne parle pas des mariages du 21ᵉ arrondissement.

— Quand je pense, murmura Robert Amilton, qu'elle porte encore des diamants que je lui ai donnés.

En effet, il venait de voir briller une boucle d'oreilles, un admirable diamant de six à sept carats.

Involontairement, Robert s'approcha de Mlle Toutyva.

— Jeanne, lui dit-il, il faut que je vous parle.

— Monsieur, vous me faites mal, dit-elle tout haut. Vous ne voyez donc pas que j'ai des bagues à mes doigts?

— Oh il y en a bien quelques-unes qui sont de moi, dit-il.

Jeanne Toutyva regarda Robert du haut de son insolence.

— Monsieur, je ne m'en souviens plus.

— Ah! tu ne t'en souviens pas! dit Robert furieux, eh bien, moi, je me souviens que tu n'es qu'une drôlesse.

Il avait parlé très-haut, pour chercher un duel parmi les tenants et soutenants de la dame.

— Un dernier duel, pensa-t-il; c'est décidément la meilleure manière d'aller dans l'autre monde, car cette fois je me ferai tuer.

Mais pas un, parmi ces chevaliers du souper, ne se sentit de taille à relever le gant.

Robert était imposant. On se détournait toujours de son chemin.

— Quoi! s'écria Mlle Toutyva, il n'y en a pas un parmi vous qui lui défrisera la moustache?

— Allons donc, dit un des soupeurs, il n'est pas l'heure d'aller au Vésinet.

— Il n'y a plus qu'un duel, dit un autre, c'est le duel de la France et de l'Allemagne.

Cet autre-là n'avait été ni à l'armée du Rhin ni à l'armée de la Loire.

III.

UNE FLEUR SUR LE FUMIER.

Une idée lumineuse passa sur le front de Robert Amilton. Il connaissait Devismes ; il lui devait 250 francs pour un fusil de chasse qui lui avait servi deux fois : une fois à Fontainebleau et une fois au mont-de-piété.

Il savait bien que Devismes ne lui vendrait pas aux mêmes conditions un autre fusil de chasse; mais ne pouvait-il pas mourir noblement chez l'armurier — presque un champ de bataille — en faisant semblant d'essayer une arme de précision.

— Ce sera, dit Robert Amilton, ma dernière raillerie; on croira que je suis mort par un jeu de la fatalité.

Il marcha plus vite.

— En vérité, reprit-il, c'est trop bête d'acheter une arme pour se tuer, quand on peut se tuer pour rien.

Mais, par malheur ou par bonheur, la boutique était fermée.

— Allons! pas de veine, la mort ne veut pas de moi cette nuit.

Il rebroussa chemin en songeant à toutes les manières de piquer une tête dans l'éternité.

— Il y avait bien, dit-il, la colonne Vendôme; c'était un joli genre de suicide. On disait au gardien : — Vous allez voir comme je monterai vite. — Oui, oui, disait le gardien, mais on ne descend pas si vite. — Peut-être, lui répliquait-on. Et, en effet, on redescendait par l'autre escalier. On voit bien que M. Courbet a toujours bien dîné! Mais enfin, puisqu'il ne voulait pas se précipiter du haut de la colonne, il fallait laisser cela aux autres et ne pas précipiter la colonne elle-même.

Robert pensa qu'il y avait bien encore les tours Notre-Dame et l'Arc de Triomphe, mais il était l'homme du boulevard; le boulevard était sa patrie depuis longtemps. Il voulait emporter un peu de poussière du boulevard dans l'autre monde à la semelle de ses souliers.

Il lui vint aussi l'idée de se précipiter du pont des Arts, mais il savait nager et il lui était arrivé — vous ne me croirez pas, mais je l'ai vu — de se jeter du pont des Arts avec deux de ses amis, un terre-neuve et un étudiant, comme un autre se jette dans sa baignoire.

Il pensa à ses deux amis :

Le Terre-Neuve, qui appartenait à M. Arkinn, est mort en sauvant un chiffonnier, qui ne voulait pas être sauvé ; l'étudiant est mort en Afrique après des prodiges d'héroïsme. C'était M. C. de L. — dont le frère est aujourd'hui représentant du peuple.

Robert Amilton avait bien encore quelques amis, mais dans sa fierté il ne voulait pas frapper à leur porte.

— Et pourtant, dit-il avec une secousse du cœur, si ce brave Monjoyeux ne demeurait pas avenue de l'Impératrice, voilà un homme. Celui-là me donnerait d'une main un louis pour souper et de l'autre main un revolver pour en finir.

A cet instant, Robert vit débarquer en face

de Brébant toute une horde de chiffonniers.

Ces messieurs et ces dames allaient commencer leur nuitée.

La République, dans son ingénuité, s'imagine qu'elle va effacer tous les priviléges. Elle ne sait pas, la bonne femme, où sont aujourd'hui les priviléges. Autrefois ils étaient en haut, maintenant ils sont en bas.

Par exemple, vous vous figurez peut-être qu'on pourrait inscrire Liberté, Égalité, Fraternité sur la hotte des citoyens chiffonniers et des citoyennes chiffonnières.

Que voilà une belle illusion! Liberté, Égalité, Fraternité, ces mots-là ne peuvent s'inscrire que sur une pièce de cent sous.

Avec cent sous vous êtes libre — de dîner.
— Vous êtes égal devant l'amour, si l'amour ne coûte que cent sous, — et avec vos cent sous vous avez la fraternité dans la main.

Le crochet du chiffon est un sceptre tout doré de priviléges.

Ainsi vous avez la dynastie des chiffonniers qui ont établi leur trône devant Bignon ou devant Brébant, devant la maison d'Or ou devant le café Riche. Il faut avoir ses titres de noblesse pour travailler le trottoir et le pavé devant ces grandes maisons. Il ne se passe pas de nuit que le chiffonnier ne monte triomphalement l'escalier du restaurateur, non pour demander un cabinet particulier, mais pour porter un couvert d'argent trouvé dans les épluchures.

Robert, qui ne connaissait pas les habitudes, ni les mœurs de ces noctambules, s'approcha d'eux pour les voir à l'œuvre. Le travail des autres console ceux qui ne font rien.

— Tiens, dit une petite fille, voilà encore une fourchette.

Robert regarda la petite fille et la fourchette.

— Pauvre enfant, dit-il, est-il possible qu'elle soit condamnée à vivre dans ce fumier. Après cela, Job s'y trouvait comme le poisson dans l'eau.

Cette petite fille avait une sœur, une vraie demoiselle, celle-là. Seize ans, de beaux yeux bleus sous des sourcils noirs, une pâleur de marbre, vêtue de rien pour l'amour de Dieu.

— C'est un fantôme, dit Robert.

Mais ce fantôme l'attira; il pensa aux volées de coups de crochet qu'elle avait dû recevoir pour être contenue dans la misère de son état.

Elle était à côté d'une mégère qui ne la perdait pas de vue, comme si la pauvre fille eût menacé de la planter là.

— Allons, allons, lui criait-elle, ayons un peu plus de cœur à la besogne; tu n'as encore rien f... dans ton panier; tu n'es qu'une endormie!

— Si tu dis un mot de plus, je vais me coucher là, répondit la belle aux chiffons.

— Attends un peu que je t'attrape.

Et la vieille la menaça de son crochet.

— Si tu me marques encore, j'appelle le sergent de ville.

— Pour retourner à Saint-Lazare, n'est-ce pas, gibier de prison?

— A Saint-Lazare on est mieux qu'à la maison. Il y a une chapelle pour prier Dieu.

— Voyez-vous ça! Faites-donc faire la première communion à ces idiotes-là, pour en faire des *superstitieuses*.

Le chiffonnier intervint.

— Allons, allons, chacune son opinion là-dessus, c'est peut-être une bêtise de croire à Dieu, mais ce n'est pas un crime.

— Si, c'est un crime, parce que depuis que mademoiselle a fait sa première communion, elle n'a plus aimé sa famille. C'était bien la peine de la mettre au monde, pour en faire une rien qui vaille. Et moi qui travaillais nuit et nuit pour lui donner une robe blanche. Une robe blanche! Oh! là là là là! moi, je n'aime que le rouge.

— Oui, le rouge, dit la fille qui se tenait respectueusement à distance du crochet de Mme sa mère; tu aimes le vin rouge, le drapeau rouge, le sang rouge, le feu rouge.

La mère se précipita vers la fille.

— Misérable! tu veux donc envoyer sur les pontons les auteurs de tes jours?

Heureusement pour la fille, la mère, qui était un peu grise, trébucha et roula sur le trottoir.

Robert Amilton, qui voyait la scène d'un peu loin, se rapprocha. Il voulut protéger la fille, croyant que la mère allait se relever plus furieuse. Mais elle n'en eut pas la force.

Elle se mit à crier; mais « son homme, » à son tour, la menaça de son crochet, si elle ne fermait pas sa gueule, suivant son expression académique.

Il la laissa cuver son vin, sans daigner la remettre sur pied.

IV.

PROPOS GALANTS APRÈS MINUIT.

ROBERT avait tenté de parler à la fille, mais elle ne répondit pas. Elle le regarda de son grand œil fier comme eût fait une duchesse.

Il insista par une plaisanterie.

— Mademoiselle, j'ai perdu ma fortune; si vous la retrouvez dans ces chiffons, rapportez-la moi demain matin sur les tours de Notre-Dame.

Mathilde — c'était le nom de la fille au chiffon — s'imagina que ce grand diable qui lui parlait était fou. Elle adoucit son regard jusqu'à la sympathie, mais dès qu'elle vit qu'il riait, elle reprit son grand air de dignité et donna dans le tas un coup de crochet, comme une coquette eût pris son éventail.

Quelque chose brilla sous la langue de gaz.

— Quand je vous disais que vous alliez trouver ma fortune, reprit Robert qui ne voulait pas désemparer.

Ce qui brillait était une magnifique boucle d'oreilles : un admirable diamant de six à sept carats.

Mathilde la prit, la regarda à peine et tendit la main à Robert Amilton.

— C'est à vous, monsieur? lui demanda-t-elle sérieusement.

Robert prit la boucle d'oreilles.

— Voilà qui est étrange, murmura-t-il.

Et la présentant à Mathilde :

— Oui, mademoiselle, cette boucle d'oreilles est à moi. Vous l'avez trouvée : Je vous la donne.

La mégère avait vaguement entendu. Il s'agissait d'une trouvaille. Elle s'était dégrisée. Elle se leva d'un bond et vint se jeter entre Robert et sa fille.

— Qu'est-ce que c'est que ça? cria-t-elle, un suborneur qui parle à ma fille à une heure indue!

— Si je lui parlais à midi, murmura Robert, ce serait une heure indue, puisque c'est l'heure où mesdames les chiffonnières sont couchées.

— Vous saurez, citoyen, que ma fille n'a pas l'âge pour être enlevée. Je vous fais incarcérer si vous y touchez. Ce n'est pas la première fois qu'on veut mettre la main dessus.

— Madame, vous ne me connaissez pas, je suis le roi d'Araucanie.

— Un roi! il n'en faut plus, vive la République!

— Rassurez-vous, citoyenne, je n'ai pas envie de monter sur le trône de France.

— Il n'est pas question de ça.

La chiffonnière voyait bien que Robert voulait à tout prix s'insinuer par la conversation.

— Citoyen, reprit-elle, nous n'avons pas de temps à perdre. Passez votre chemin.

— Dieu pour tous, citoyenne, le pavé pour tout le monde.

La mégère s'était tournée vers sa fille.

— Qu'est-ce qu'on a trouvé tout à l'heure?

— Rien, répondit Mathilde, qui avait caché la boucle d'oreilles dans son sein. J'avais vu briller un bouchon de carafe.

— Allons, allons, qu'on se dépêche.

Robert ne savait plus par quel bout reprendre la conversation.

Il lui vint une idée lumineuse.

— Madame, reprit-il avec un très-gracieux salut, je suis, je vous l'ai dit, le roi d'Araucanie ; je viens étudier les mœurs parisiennes après minuit, car le soleil ne se lève jamais dans mon royaume; je veux y décréter une confrérie de chiffonniers qui auront leur place dans les grands corps de l'État. Chez moi on s'enrichit bien vite, parce que les billets de banque se donnent à la poignée. Vous en auriez bientôt plein votre hotte. Voulez-vous me permettre de vous offrir un bock?

La chiffonnière fut désarmée.

Elle entr'ouvrit les lèvres, mais elle s'aperçut que tous les cabarets étaient fermés.

— Ah! monsieur, dit-elle, il ne faut pas se moquer du pauvre monde.

— Il y a toujours une porte pour entrer au cabaret.

— Oui, mais voyez-vous, mon homme ne verrait pas ça d'un bon œil.

— Mais votre homme y viendra avec nous.

— Mais avant tout nous allons finir les épluchures de Brébant.

— Ohé, garçon ! cria le chiffonnier, voilà Pierrot qui vient de trouver un moutardier d'argent et une fourchette ibidem. Total : 50 centimes.

On sait que les grands restaurateurs donnent aux chiffonniers 25 centimes pour chaque pièce d'argenterie.

Chose singulière, le chiffonnier est vertueux par la force des choses. Il ne pourrait pas vendre ce qu'il trouve et il perdrait son droit de station. Il croit que les pavés s'élèveraient pour témoigner contre lui.

— Tiens, Mathilde, dit le maître chiffonnier, c'est toi qui vas porter ça là-haut.

Dans le tohu-bohu de cette autre trouvaille, Robert Amilton avait pu parler encore à Mathilde.

Il s'était irrité devant cette difficulté de parler à une chiffonnière, lui qui avait entamé tant de conversations plus ou moins criminelles avec des femmes du monde.

Mathilde était un fruit nouveau pour ses lèvres pâlies sous le piment des passions.

— Comme elle est belle dans sa pâleur! murmurait-il.

Il ne songeait plus à mourir.

Lui qui tout à l'heure se croyait au bout de son chemin dans la vie, il voyait poindre un autre horizon.

L'imprévu le resaisissait avec ses coups de théâtre romanesques. Son idéal à cette heure c'était d'enlever Mathilde.

Mais, par malheur, Mathilde tenait bon dans sa vertu et dans ses chiffons.

Il avait remarqué qu'elle ne portait pas de hotte. Elle avait à la main un panier à pain à moitié plein, parce qu'elle était fort dédaigneuse : Elle ne ramassait que les bouts de cigare, les gants, les fragments de dentelles, les voiles déchirés ou perdus, les bottines, les ceintures, les jarretières et les chignons.

Pendant que Robert causait avec elle, elle souleva de son crochet un chignon doré tout imprégné encore de l'Eau des Fées.

— Oh! le beau chignon, dit-elle en le prenant dans ses mains.

Elle ne put s'empêcher de le mettre sur sa tête.

— Quel malheur que je sois brune ! dit-elle.

— Mais vous êtes si belle avec vos cheveux noirs ! remarqua Robert.

Et il lui conseilla de jeter bien vite au panier ce joli chignon à la Cora Pearl.

— C'est égal, dit-elle, si j'avais un chignon comme celui-là avec des boucles d'oreilles comme les vôtres, je pourrais sortir en plein jour.

— Eh bien, reprit Robert, venez avec moi, je vous jure que demain je vous donnerai le bras ici même, à midi sonnant.

La chiffonnière regarda encore Robert, soit qu'elle doutât de sa parole, soit qu'elle voulût s'assurer que cet homme fût digne de la promener en plein midi.

Robert était beau, mais ce qui plut surtout à Mathilde, c'est qu'il y avait en lui, comme en elle, je ne sais quoi de fier et de dominateur.

— Fuyons ! dit-elle.

Le sort en était jeté, Mathilde se décidait à franchir le Rubicon — je veux dire le ruisseau.

Elle donna un coup de pied dans son panier et jeta en l'air son crochet. Son parti était bien pris. Elle avait confiance en Robert Amilton. Elle jugeait qu'il était capable de la défendre contre son père et sa mère.

Et d'ailleurs, était-ce bien son père et sa mère ?

Mathilde avait bien jugé Robert. Il lui jeta son par-dessus sur les épaules.

Il la prit par la main et la conduisit au prochain hôtel — l'hôtel Saint-Phal, où il espérait que, grâce à sa bonne mine, le concierge, déjà à moitié endormi, ne dirait pas halte-là à sa compagne. Grâce au pardessus, on la prendrait pour un jeune garçon.

Mathilde avait compris. Elle s'était toute enveloppée dans le pardessus.

Cependant, ils n'arrivèrent pas si facilement jusqu'à la porte de l'hôtel.

La mégère avait couru après sa fille.

— Mathilde, Mathilde !

Robert Amilton se retourna.

— Madame, je vous l'ai déjà dit, je suis le roi d'Arancanie, je cherchais une reine, j'ai trouvé votre fille. Elle a jeté son panier, mais je lui donnerai demain une corbeille. Je penserai à vous, d'ailleurs, vous serez de la noce.

— Je n'entends pas de cette oreille-là, cria la mère, en voulant ressaisir sa fille.

Robert jugea qu'il ne passerait pas sa première nuit des noces à l'hôtel Saint-Phal.

Il fit arrêter une victoria. Il prit Mathilde dans ses bras :

— Cocher, vingt francs, si vous prenez le galop.

Robert était déjà dans la voiture avec Mathilde.

La vieille appela les sergents de ville, mais le cocher avait fouetté son cheval, ne doutant pas qu'un homme comme Robert Amilton n'eût vingt francs dans sa poche.

Et voilà comme la chiffonnière Mathilde fut enlevée, à une heure du matin, devant Brébant Ier, restaurateur des lettres.

V.

COMMENT ON ENLÈVE UNE CHIFFONNIÈRE.

Robert Amilton avait dit au cocher de prendre le galop.

Le cheval allait à toutes brides vers la porte Saint-Denis. Mais à quoi bon courir de ce côté? Pour les vrais Parisiens, Paris renferme beaucoup de pays inconnus. Robert n'avait presque jamais dépassé la boutique de Barbedienne. Aussi, dès qu'il se vit à la hauteur de la rue Mazagran, il donna l'ordre au cocher d'aller rue de Provence, en passant par les rues du faubourg, pour ne pas rencontrer la respectable famille de Mathilde.

Robert avait pris la main de la jeune chiffonnière et la questionnait sur sa vie.

— Comment diable, ma chère, meniez-vous une pareille existence avec une figure comme la vôtre ?

— Il n'y a pas longtemps que je suis grande. J'avais peur de ma mère qui m'avait déjà emprisonnée à Saint Lazare, parce qu'elle m'avait surprise un dimanche avec des étudiants qui dinaient au cabaret. Ces messieurs avaient voulu s'amuser d'une petite chiffonnière, mais je leur ai prouvé que je n'étais pas si chiffonnière que j'en ai l'air.

— Mais vous avez l'air fort distingué, avec vos yeux pensifs et votre front rêveur.

— Je savais bien que je ne mangerais pas longtemps ce pain noir de la maison. Comme on dit, je méditais une vraie sortie de théâtre. Mais il me fallait encore attendre six semaines pour atteindre seize ans. Quand ma mère a bu, elle est terrible. Plus d'une fois elle m'a laissée pour morte sous ses coups. Que voulez-vous, tout le monde se bat à la maison : l'homme bat la femme, la femme bat les enfants, les enfants battent les chiens. Je ne parle pas pour moi, quoique je ne sois pas meilleure que les autres, mais je garde ma haine !

A ce mot, Robert Amilton regarda Mathilde, dont la figure exprima soudainement je ne sais quelle fière énergie. Il jugea qu'il y avait là une vraie femme, tout à la fois active et passive comme les vraies femmes.

Il éprouvait une singulière émotion à côté d'elle. Il n'était pas homme, quoiqu'il fût romanesque, à prendre feu pour une femme ainsi ramassée dans la rue, un crochet d'une main et un panier de l'autre. Mais cette jeune chiffonnière, mal peignée et mal vêtue, avait dans ses yeux si vifs, dans son expression sérieuse, dans sa pâleur maladive je ne sais quelle fascination qui le troublait.

Ce n'était pas la première fois que cette fille avait inquiété la curiosité d'un Parisien du boulevard. Quand on la regardait par hasard, on la regardait une seconde fois. On ne pouvait s'empêcher de dire comme Robert : « Comment diable cette figure est-elle là ? » Comme ce lettré qui, entendant lire une comédie détestable, s'écria tout à coup devant un beau vers : « Que diable ce beau vers est-il venu faire là ? »

Je parle des chercheurs et des trouveurs. A Paris, le plus grand nombre va son chemin sans jamais voir le spectacle, mais les raffinés pénètrent tout. Rien ne leur échappe parce qu'ils ont l'art de ne pas égarer leurs yeux sur les vulgarités. C'est toute une science. Il y a des peintres qui resteront éternellement gris parce qu'ils n'auront jamais dans l'œil le rayon : Pareillement il y a des curieux qui ne verront jamais rien parce qu'ils ne savent pas découvrir le pittoresque.

Mathilde avait donc bien souvent remarqué qu'on prenait plaisir à la voir. Comme c'était une vraie nature, comme elle sentait « quelque chose là, » comme elle devinait que son jour viendrait, elle ne faisait pas alors de coquetterie. On pouvait dire devant elle qu'elle était jolie sans qu'elle daignât tourner la tête. Une autre eût fait des mines, une autre se fût attifée avec quelque sollicitude pour sa beauté. Mais elle dédaignait cela. Au contraire, elle savait que plus elle était mal ajustée, plus sa beauté frappait par le contraste, puisque la beauté est un luxe.

Elle avait donc une coquetterie en sens inverse : elle soulignait ses haillons.

Mais elle avait la coquetterie de la propreté. Que dis-je la coquetterie ? la vertu de la propreté. Platon n'a-t-il pas dit que la propreté est une vertu ? Or, chez les chiffonnières, c'est une vertu digne du prix Montyon.

L'eau manquait souvent à la maison pour Mathilde. Sa mère la surnommait la truite, parce qu'elle était toujours dans l'eau. La nuit, elle se lavait les mains et les pieds à toutes les fontaines.

Cette nuit-là, Robert Amilton avait remarqué de prime abord les jolies mains de Mathilde. Il avait remarqué aussi qu'elle n'était pas trop mal chaussée avec ses bottines mal accouplées, car c'étaient des bottines de deux paroisses. Par exemple, les bas n'étaient ni bien ni mal tirés, par la raison que Mathilde n'avait pas de bas.

Mais quelle robe sur ce corps de roseau ! Une vraie guenille couleur de muraille, fanée, profanée, déchirée, effrangée.

Et sur cette robe la moitié d'un châle rouge qui couvrait une épaule sans pouvoir arriver à l'autre.

— La malheureuse, pensait Robert, je suis sûr qu'elle n'a pas de chemise.

Deux idées venaient à lui dans leurs lignes parallèles. L'une parlait à ses passions, l'autre à son esprit.

Première idée :

Tu vas jeter cette fille dans un bain, tu vas brûler ses habits, tu vas la prendre dans tes bras, tu vas l'appuyer sur ton cœur. Cette fille ne sera plus une chiffonnière, ce sera la jeunesse.

Deuxième idée :

Tu vas sauver cette fille du péril et de la misère ; tu lui montreras le néant des passions et l'abîme de l'amour ; tu lui mettras au cou un scapulaire, tu la conduiras dans une maison de refuge où on lui apprendra à connaître Dieu avant de connaître les hommes.

Robert Amilton allait de l'une à l'autre idée sans parti pris. Il était revenu de toutes les folies : Une femme de plus, une femme de moins, après en avoir eu de toutes les couleurs, peu lui importait.

Et pourtant, cette chiffonnière avait bien encore quelque montant pour un cœur rassasié. Salomon l'eût peut-être remarquée parmi ses sept cents femmes.

Mais Robert Amilton pourrait-il oublier, je ne

dirai pas l'origine, mais la robe de cette fille? Ce serait pour son amour la robe de Déjanire; elle aurait beau s'en dépouiller, ne la verrait-il pas et ne la sentirait-il pas toujours? Ce serait le péché originel de cette passion originale.

Or, c'était bien un peu pour que Mathilde changeât de robe que Robert la conduisait rue de Provence.

La rue de Provence est habitée par beaucoup d'Aspasies et de Phrynés qui sont encore à leur première manière.

La première manière est la meilleure, puisque c'est la manière de la jeunesse.

Leur huit-ressorts c'est la victoria à quarante sous l'heure, leur couturière c'est la marchande à la toilette, vraie marchande des quatre saisons, qui a des robes de printemps pour l'été, des robes d'été pour l'automne, des robes d'automne pour l'hiver et des robes d'hiver pour le printemps.

C'est là que les débutantes vont essayer leurs grâces.

Pour cent sous ou pour un louis elles trouvent là à emprunter une robe plus ou moins à leur taille pour aller faire les belles sur le boulevard, aux Champs-Elysées, dans toutes les assemblées diurnes et nocturnes.

Un physiologiste voit bien que les robes n'ont pas été faites pour elles ; mais ces filles sont comme les hommes politiques à qui on donne des fonctions trop grandes ou trop petites pour leur génie.

Ils ne sont jamais bien à leur place, mais ils y restent plus ou moins longtemps.

Robert Amilton, qui avait pratiqué des femmes de la première manière comme des femmes de la seconde et de la troisième, connaissait la plupart des marchandes à la toilette.

Que de fois il avait mis le holà parce qu'on se disputait pour avoir mis la robe un jour de pluie, quand on n'avait que le droit de la porter par le beau temps.

Quoiqu'il n'eût pas un sou vaillant, il espérait trouver du crédit de ce côté-là.

La robe de la chiffonnière jetterait bien un froid à son entrée. Mais comme Mathilde était jolie, la marchande à la toilette se laisserait prendre.

Ces femmes-là, qui sont le plus souvent les invalides des campagnes amoureuses, prêtent leurs robes « sur la figure ». La beauté a toujours crédit. Quelquefois, il est vrai, elles accompagnent leurs robes à la promenade, au Cirque, à Mabille : hypothèques terribles qui font trop d'ombre au tableau.

Quelques-unes de ces marchandes sont en boutique, quelques autres font le commerce dans un appartement. C'était à celles-ci que Robert Amilton comptait s'adresser.

Il était bien tard, mais dans les maisons où il y a des demoiselles de quantité, on peut toujours frapper aux portes jusqu'à deux heures du matin.

Cependant, on était rue de Provence. La victoria s'arrêta devant un n° quelconque.

— Où allons-nous ? demanda Mathilde avec une vague inquiétude.

Elle avait peur que ce ne fût chez celui qui l'enlevait.

Le danger l'attirait, mais elle voulait fuir le danger.

Robert regarda Mathilde en souriant.

— Nous allons, ma belle enfant, lui répondit-il, vous déshabiller...

La chiffonnière se jeta dans le fond de la voiture.

— N'ayez pas peur, reprit-il, nous allons vous déshabiller pour vous habiller.

— A la bonne heure, dit Mathilde.

Elle touchait déjà à un de ses rêves. Il y avait si longtemps qu'elle vivait dans l'idée d'avoir un jour une vraie robe.

Aussi ne se fit-elle pas prier pour descendre de la victoria quand Robert lui offrit la main.

C'était la première fois de sa vie qu'elle se voyait à pareille fête : une main si galamment offerte pour descendre de voiture, comme à une vraie femme, à elle la pauvre petite chiffonnière qui avait toujours été rudoyée.

Deux belles larmes lui vinrent aux yeux.

Sous la lanterne de la voiture Robert vit ces larmes.

— Vous pleurez, lui dit-il avec une émotion soudaine ; pourquoi pleurez-vous ?

— Je ne pleure pas, répondit-elle en voulant cacher ses larmes.

Mais, emportée par son cœur, elle pencha doucement la tête sur Robert et murmura dans un sanglot : « Je pleure parce que je suis bien heureuse. »

Cette fois il n'y tint plus ; il la prit bravement

dans ses bras en oubliant sa robe et l'embrassa avec tant de force et avec tant de douceur que la chiffonnière faillit s'évanouir.

Si sa mère se fût trouvée là, elle n'eût pas manqué de s'écrier :

— Des vapeurs ! oh ! la, la ! elle va se trouver mal ; vite, qu'on apporte un verre de bleu à sa pauvre mère.

VI.

SCÈNE NOCTURNE CHEZ MADAME RADEGONDE.

ROBERT Amilton monta trois étages dans l'obscurité en donnant la main à Mathilde.

Il se rappela la porte de Mme Radegonde, la marchande qu'il connaissait le mieux. Il passa la main, pour plus de sûreté, sur la plaque de cuivre où elle avait inscrit son nom et sa profession.

Les voisines disaient que Mme Radegonde n'avait pas inscrit toutes ses professions, sous prétexte qu'elle ne se contentait pas de vendre des robes, puisque, après avoir vendu la robe pour la femme, elle vendait la femme pour la robe.

Calomnie des calomnies! tout est calomnie.

Autrefois il en restait quelque chose, mais aujourd'hui, dans le flot qui nous emporte, il n'en reste rien. Le rivage de la veille est lavé par le lendemain.

Robert, qui avait trouvé le cordon de la sonnette, sonna si rudement que le cordon lui resta dans la main. Et comme on n'arrivait pas pour ouvrir, on frappa du poing sur la porte.

Après une demi-minute d'attente, une femme apparut dans le simple appareil, une allumette de cire à la main.

C'était Mme Radegonde elle-même.

La dame était presque nue, mais que les pudeurs se rassurent, elle avait son bonnet de nuit.

— Mais, monsieur Amilton, vous êtes donc fou de me réveiller ainsi? dit-elle en reconnaissant notre héros d'aventures.

— Un peu, beaucoup, passionnément, madame Radegonde.

Et il entra, conduisant toujours par la main la belle Mathilde.

Mme Radegonde alluma une seconde allumette, car elle tenait la boîte à la main. Elle avait usé sa dernière bougie pour lire les derniers chapitres d'un roman.

—Attendez-moi, dit-elle, je vais aller à la cuisine ; je ne désespère pas d'y trouver une chandelle.

On voit que la marchande à la toilette était une femme d'ordre, qui ne permettait pas qu'on brûlât de la bougie à la cuisine.

— On dirait qu'on entre dans une sorcellerie, dit Mathilde à demi-voix.

Elle avait déjà entrevu le capharnaüm des porcelaines et des tableautins dans la salle à manger ; elle voyait des robes suspendues par la porte entr'ouverte du salon.

Mme Radegonde parut avec un chandelier à chaque main.

— A giorno ! s'écria Robert.

— A giorno ! répéta Mme Radegonde. Quand on vous voit, mon cher, il ne faut pas être borgne. On allume deux chandelles et on ouvre les portes à deux battants.

Robert fit une révérence comique.

— Madame Radegonde, je n'ai pas voulu attendre une heure de plus pour vous présenter une jeune personne de ma connaissance que je viens d'enlever.

Mme Radegonde ouvrait de grands yeux, croyant encore lire un roman.

— Cette jeune personne, dit-elle en dévisageant Mathilde, ne vient pas directement du Sacré-Cœur.

— Non, mais elle serait digne d'y entrer, car elle est pétrie de bons principes.

Mathilde regarda sévèrement Robert Amilton, n'aimant pas la raillerie.

— Ne « blaguons » pas, reprit-il ; j'ai trouvé mademoiselle, tout à l'heure, devant Brébant, qui chiffonnait avec les « auteurs de ses jours. » C'est la destinée qui nous a réunis. Croyez-le bien, madame Radegonde, c'était écrit là-haut. Figurez-vous, par exemple, que mademoiselle a fait une trouvaille inouïe : une boucle d'oreilles en diamants que j'ai donnée à Mlle Toutyva en des temps meilleurs ; une trouvaille qui vaut bien dix mille francs, puisque j'ai payé la paire vingt-huit mille francs à Moïna lui-même. Or vous savez que les diamants sont comme les femmes galantes, plus ils vont plus ils montent de prix.

— Comme c'est vrai ce que vous dites là! monsieur le comte...

La chiffonnière leva les yeux. Elle ne doutait pas que Robert ne fût un homme bien né, mais elle fut bien heureuse, elle qui n'était pas républicaine comme sa mère, de savoir qu'elle avait été enlevée par un homme qui était plus ou moins grand seigneur.

Robert Amilton n'était qu'un comte de fées. Mais Mme Radegonde avait l'habitude de donner des titres à toutes ses pratiques des deux sexes : on marchandait moins avec elle.

Mme Radegonde continua sa phrase.

— Vous avez bien raison, à Paris, toutes les femmes, même les plus jolies, commencent par chanter misère à vingt ans; je dis chanter misère, parce que c'est l'âge où elles chantent; à trente ans, elles arrivent à faire figure; à quarante, c'est une féerie. Voyez plutôt toute l'arrière-garde.

— Oui, oui, dit Robert, qui raillait toujours, à trente ans ces dames n'ont que cinq cent mille francs de dettes ; à quarante ans, elles en ont un million. Un million de dettes, c'est le Capitole pour les femmes. Et combien d'oies qui veillent sur le Capitole!

— A propos, dit Mme Radegonde, vous savez que la Roche-Tarpéienne est déclarée en faillite.

La Roche-Tarpéienne était une ancienne courtisane, qui avait échoué dans une boutique de marchande à la toilette où elle avait couru des fortunes bien diverses. Enfin elle venait de déposer son bilan et de fermer boutique, disant que la France n'était plus une patrie.

Robert versa un pleur sur le destin de la Roche-Tarpéienne.

— Eh bien, vous ne le croiriez pas, dit-il comme pour prononcer son oraison funèbre, quand elle a organisé chez elle un petit baccarat, j'ai joué et j'ai gagné.

— Vous êtes le seul, mon cher, car c'était le jeu des femmes, ou plutôt c'était le jeu de la Roche-Tarpéienne, puisque toutes les femmes jouaient pour elle. Oh c'était une bonne école!

Mathilde commençait à être initiée aux belles mœurs du jour.

— Eh bien, dit Mme Radegonde en déposant ses chandeliers sur la table, ne dirait-on pas que mes bras sont deux lampadaires?

Et, s'approchant de Mathilde :

— Que ferons-nous de cette belle fille?

— C'est le secret des dieux, répondit Robert; nous allons commencer par l'habiller. Avez-vous un cabinet de toilette?

— Comment donc, une marchande à la toilette!

Robert prit à son tour les deux chandeliers et passa dans le salon, après avoir fait signe à Mathilde de passer devant lui.

Pour la jeune chiffonnière, ce fut le coup de théâtre.

Il faut avoir lu les contes de Perrault pour se faire une idée de l'éblouissement qui alluma l'esprit de cette fille au spectacle soudain des cinquante robes de toutes les couleurs et de toutes les étoffes, jetées pêle-mêle sur les meubles, gardant les physionomies les plus vives.

Une robe est déjà presque une femme.

Mathilde ne sortait jamais dans le beau Paris qu'à minuit sonnant. Le jour elle dormait ou travaillait à la maison.

C'était elle qui était chargée de la garde-robe de la famille. Et quelle garde-robe! des loques à coudre ensemble, en assortissant les couleurs va comme je te pousse.

Il y a les couleurs amies et les couleurs ennemies. Quelquefois on raccommodait du bleu avec du vert, du rouge avec du rose. On répandait sur tout cela un verre de vin au bois de campêche ou à la rose trémière, on arrivait à une parfaite harmonie de tons pour sortir la nuit.

Mathilde ne voyait donc les robes de ces dames que par les lambeaux tombés de la jupe de leurs cuisinières dans le panier aux ordures.

Quand elle se trouva en face des merveilles réunies par Mme Radegonde : robes de velours, robes de soie, robes de satin, robes de cachemire, robes de gaze lamée d'or et d'argent, tout cela troussé et retroussé par des couturières de l'école des beaux-arts instituée par Gavarni et Marcelin, elle ne put arrêter un cri d'admiration.

— Oh que c'est beau !

Le cri d'admiration du collégien devant les belles pages d'Homère.

Pour l'homme il y a des poëtes, pour la femme il y a des robes.

Aussi, pendant que le collégien joue à la rime, la femme joue à la poupée.

VII.

LA LÉGISLATION DE L'AMOUR.

CEPENDANT Robert Amilton avait parlé à l'oreille de Mme Radegonde.

— Oui, oui, dit-elle, vous avez raison.

A son tour, Mme Radegonde parla à l'oreille de Mathilde, en l'entrainant dans son cabinet de toilette.

Mais, quand elle fut sur le seuil de la porte, elle la ramena dans le salon.

— Ma belle enfant, lui dit-elle, il faut que vous choisissiez parmi toutes ces robes.

— Moi, s'écria Mathilde comme effrayée de sa fortune, moi je ne saurai pas porter cela.

— Allons donc, reprit Mme Radegonde, quand on est grande et belle comme vous, toutes les robes vont bien. Les mauvaises couturières habilleraient un roseau, mais les bonnes ont toutes les peines du monde à habiller les tonneaux. C'est la femme qui habille la robe, Gavarni a dit cela il y a longtemps.

Mathilde était dans cette boutique de robes comme les enfants dans les boutiques de bonbons. Ses yeux allaient de l'une à l'autre, de celle-ci à celle-là, de plus en plus éblouis.

Elle s'arrêta devant une très-simple petite robe noire à bouillons que la princesse au grain de beauté avait donnée à sa femme de chambre, — laquelle ne l'avait portée — que chez la marchande à la toilette.

— Oui, oui, dit Mme Radegonde, vous avez raison, c'est une robe comme il faut, qui vous ira comme un gant. Pas bruyante mais pas effacée. Elle a coûté mille francs, il n'y a pas six semaines, j'ai la facture.

— Mille francs, dit Robert, cinquante francs d'étoffes et 950 francs de façon, ce n'est pas trop cher. Combien vous coûte-t-elle à vous? Peut-être les cinquante francs d'étoffe?

— Comme vous y allez! mon cher comte, vous savez que je suis la première marchande à la toilette, ce qui veut dire que j'achète de première main.

Mme Radegonde vit seulement alors qu'elle n'était vêtue que de sa chemise et de son bonnet de nuit.

— Oh! mon Dieu, dit-elle, en croisant ses bras sur son sein, j'oubliais, en parlant de robe, que je n'ai même pas une robe de chambre.

— Oh! ne faites pas attention, dit Robert en souriant. j'ai tant vu d'épaules au bal que je ne les regarde plus. Mais si vous avez froid, habillez-vous.

Mme Radegonde, devenue pudique, entraina Mathilde dans le cabinet de toilette.

— Oh la comédie humaine! dit Robert Amilton, en se laissant tomber sur le canapé au risque de chiffonner une robe. Oh la comédie humaine! Oh! Balzac, où es-tu? Il y a une heure à peine je voulais mourir, parce que je n'avais plus de quoi vivre, ni dans ma bourse, ni dans mon cœur, ni dans mon esprit; maintenant, j'ai tout retrouvé, puisque j'ai retrouvé la volonté. Encore une station à atteindre. Décidément la femme est la locomotive; c'est elle qui entraine l'homme; sans la femme, la vie ne serait pas un voyage. Ce serait un point d'arrêt sur la terre.

Robert pensa au lendemain. Que ferait-il? Pas un sou vaillant avec une femme sur les bras.

— Après tout, je puis bien dire comme Molière : « Je prends mon bien où je le trouve. » M{}^{lle} Toutyva a perdu ce soir une boucle d'oreilles que je lui avais donnée, je ne sais plus pourquoi, — pour qu'elle fût belle avec moi sans doute, mais non pour qu'elle fût belle avec un autre. — Les diamants qu'on donne aux femmes, on devrait les reprendre quand on s'en va. Cette jeune chiffonnière a retrouvé une des boucles d'oreilles égarée dans le vice, une perle sur du fumier. C'est bien à elle, mais, puisqu'elle-même est à moi par droit de conquête, je vais vendre mon diamant pour lui payer une robe.

Un esprit sévère aurait pu dire à Robert Amilton :

— Mon beau monsieur, vous en parlez bien à votre aise, car vous oubliez que quand vous avez donné le diamant, la femme, un autre diamant, se donnait à vous, donc votre diamant était bien à elle. Tant pis pour vous si vous échangiez du diamant contre du strass.

Robert Amilton, qui n'avait pas rompu avec sa

conscience, n'avait pas une grande foi dans sa théorie sur le tien et le sien dans les affaires d'amour. L'amour est un commerce comme un autre : il a son grand-livre, son doit et avoir, il faut y mettre partout le sceau de la probité.

Le devoir de Robert Amilton était de reporter le diamant à Jeanne Toutyva, en la priant de donner cent sous à la chiffonnière, puisqu'il n'avait pas lui-même cent sous à donner à Mathilde.

S'il descendait d'un degré dans son devoir, il devait laisser le diamant à Mathilde sans y toucher.

Il est vrai aussi que son devoir était de ne pas toucher à Mathilde.

Il y a en tout ceci une législation que je recommande à MM. les représentants de Versailles — quand ils viendront à Paris — car ils sont si loin de nos mœurs à Versailles !

VIII.

LA ROBE DE LA CHIFFONNIÈRE.

Robert Amilton attendait sans trop d'impatience que Mathilde revînt habillée de la robe noire à bouillons, après quelques ablutions bien indiquées.

Sans doute, Mme Radegonde prit quelque plaisir à cette œuvre digne des Métamorphoses d'Ovide, car Robert l'entendait qui parlait à la jeune chiffonnière avec beaucoup de douceur.

La beauté, d'où qu'elle vienne, exerce toujours un prestige.

— C'est égal, se disait Robert, la pauvre fille répandait autour d'elle une forte odeur de misère. Un peu plus, à un certain moment, je descendais de la victoria. Ce que c'est que de mal souper et de respirer dans un taudis. On s'imprègne d'une atmosphère de rat en goguette.

Robert cria à Mme Radegonde :

— N'oubliez pas l'eau de Lubin.

Mme Radegonde n'oubliait rien du tout.

— A propos, dit encore Robert, Mlle Mathilde n'a-t-elle pas perdu le diamant?

— Non, le voilà.

Et Mme Radegonde l'apporta à Robert.

Sans la vue de ce diamant, cette noble dame ne se fût pas montrée si complaisante dans la toilette de Mathilde, quoiqu'elle se laissât toujours prendre à une jolie figure.

Après avoir déshabillé Mathilde, elle répandit sur elle, depuis les cheveux jusqu'aux pieds, une eau toute parfumée.

La jeune fille tressaillit, parce que l'eau était glaciale.

— N'ayez pas peur, mon enfant. Vous avez été baptisée, n'est-ce pas?

— Oui, madame. Mais je crois que ç'a été le baptême du vin.

— Eh bien, aujourd'hui, c'est encore un baptême, le baptême de la beauté.

Mathilde se laissait faire, tout en s'indignant contre elle-même.

Quoiqu'elle fût délivrée de sa mère, elle sentait bien qu'elle reperdait sa liberté. Elle comprenait vaguement que marcher de la misère au péché c'est descendre encore.

Certes, elle était bien heureuse de dépouiller ses haillons et de sortir de son fumier. Mais ces parfums que répandait sur elle Mme Radegonde n'était-ce pas l'odeur du vice?

Si elle eût osé, elle eût repris sa guenille et se fût enfuie.

Mais pourtant elle était trop fille d'Ève pour ne pas revenir ensuite sur ses pas si elle eût obéi à ce noble mouvement.

— Vous n'en finissez pas, dit tout à coup Robert à Mme Radegonde.

Il avait poussé la porte entr'ouverte du cabinet de toilette.

Ce fut pour lui toute une surprise.

Mme Radegonde, qui n'en était pas à son coup d'essai, qui avait, selon son expression, « débarbouillé beaucoup de pauvres filles pour en faire de grandes « cocottes, » venait de passer une chemise de batiste à Mathilde. Sur cette chemise retombaient à flots abondants les cheveux noirs de la jeune fille. Ils ruisselaient encore sous les ondées odorantes.

Les bottines dépareillées étaient remplacées par deux petites pantoufles turques.

Elle était charmante ainsi.

— Entrez, dit Mme Radegonde à Robert.

— N'entrez pas, dit Mathilde en croisant ses bras sur son sein avec une attitude toute virginale.

Robert avait fait un pas.

— Non, je n'entrerai pas, dit-il à Mathilde. J'attendrai que la vertu soit habillée.

— La vertu! dit Mme Radegonde, ne parlons pas de corde dans la maison d'un pendu. Dites plutôt que c'est Vénus sortant des flots.

— Vous avez de la littérature, madame Radegonde.

— Vous savez bien que les femmes parlent de tout sans rien savoir.

Il fallut encore cinq minutes pour parachever l'œuvre.

Robert était venu se rasseoir sur le canapé. Tout à coup Mathilde vint à lui tout à fait transformée.

Elle marchait avec quelque gaucherie, mais elle n'en était que plus aimable.

Mme Radegonde avait relevé la chevelure et couvert les tempes par des ondulations à peine indiquées, comme si elle eût craint de nuire à l'expression habituelle de Mathilde — une expression de vierge italienne.

Un peu de poudre de riz harmonisait la figure et effaçait quelques taches de rousseur. Quoique les sourcils fussent bien dessinés, Mme Radegonde y avait passé le crayon ; pareillement au coin des yeux, ce qui était superflu, puisque les yeux étaient bien fendus et bien vifs.

Mais il fallait donner une première leçon à cette belle ignorante.

Les mains un peu rouges étaient toutes blanchies, mais le temps avait manqué pour faire les ongles.

— Voyez-vous, mon enfant, avait dit Mme Radegonde, si vous voulez avoir de belles mains, il ne faut plus boire de vin bleu et il ne faut plus manger vos ongles. Je vous condamne à trois mois de vin de Champagne ou de vin du Rhin.

La robe, quoique un peu flottante, habillait

Mathilde comme si elle eût été faite sur le dessin de ses épaules, de son sein et de ses hanches.

— C'est merveilleux comme vous êtes chez vous là dedans, dit Robert en se levant pour embrasser Mathilde.

— Voyons, dit Mme Radegonde, n'allez pas gâter mon ouvrage. A quoi bon vous barbouiller les lèvres de poudre de riz?

— Je ne hais pas la poudre de riz, dit Robert, c'est le duvet de la pêche.

— Ce que c'est que de violer la nature.

— C'est l'art qui viole la nature.

— Taisez-vous, vous êtes un perverti.

Mathilde écoutait toute silencieuse. Elle se croyait dans un conte de fées.

— Que va-t-on faire de moi? se demandait-elle.

Mme Radegonde ne perdait pas de vue le diamant.

— Si vous voulez, demain, mon cher comte, je vous laverai ça.

— Ce n'est plus à moi, c'est à Mathilde, dit Robert. Mathilde en veut dix mille francs.

La chiffonnière ne savait pas compter. Dix

mille francs, ce chiffre lui paraissait plus beau que tous les millions de M. de Rothschild.

— Allons, allons, dit Mme Radegonde, ne nous mettons pas le doigt dans l'œil. Si nous en trouvons cinq mille francs, nous ne passerons pas à côté.

Robert se récria :

— Cinq mille francs, mais vous oubliez donc que j'ai payé la paire de boucles d'oreilles vingt-huit mille francs.

— Vous étiez fou, ce n'est pas ma faute. Cette jeune Toutyva vous avait fait voir trente-six chandelles. Voyez-vous, les plus malins, comme vous, seront toujours roulés par les coquines à 36 carats. Les hommes ne croient jamais les femmes aussi perverties qu'elles le sont.

— Vous parlez comme Larochefoucauld.

— Larochefoucauld, cela me rappelle une bonne histoire de grue aux pieds de grue. Un Larochefoucauld, je ne sais plus lequel, voulait devenir le protecteur de Clémentine. Il la lâcha à la première conversation parce qu'elle lui demanda si les Maximes de Larochefoucauld étaient ses cousins.

— Eh bien, moi, dit Robert, j'aurais adoré cette femme-là.

— Oui, oui, je vous connais, vous aimez les femmes bêtes. Eh bien, mon cher comte, je vous avertis que vous n'avez point trouvé votre affaire dans M{^lle} Mathilde. Ce n'est pas là que vous découvrirez un fond de bêtise, je vous en réponds. Il y en a qui ne disent rien, mais qui n'en pensent pas plus. M{^lle} Mathilde est silencieuse, mais c'est le silence de la Sibylle.

— Toujours de la littérature.

— Que voulez-vous, on n'est pas parfaite! Et maintenant, mes enfants, que puis-je faire pour vous?

— Ah! ma foi, dit Robert, qui mourait toujours de faim, je vendrais mon droit d'aînesse pour un plat de lentilles, car je n'ai pas dîné.

— Vous êtes donc malade?

— Oui, ma chère. J'étais ce soir à toute extrémité, je puis bien vous dire cela à toutes les deux.

Et Robert Amilton raconta comment il avait voulu mourir, comment il était arrivé trop tard chez Devismes, comment il avait rencontré fort à propos Mathilde pour s'arracher à son idée fixe et à son épitaphe.

— Mais vous n'auriez pas eu d'épitaphe, dit

Mme Radegonde; on vous eût enterré comme un chien et comme un radical.

— Ah! que je suis heureuse de vous avoir rencontré, dit Mathilde en prenant la main de Robert.

— Vous ne direz pas toujours cela, murmura Robert avec une expression amère.

Mathilde, qui était toute à sa joie, eut une pâleur soudaine.

IX.

LA ROBE DE LA PRINCESSE.

MADAME Radegonde faisait bien les choses quand elle était éblouie par un diamant. Quoique fort peu vêtue, elle monta deux étages pour réveiller sa cuisinière.

Cette fille descendit presque aussitôt pour faire un simulacre de souper, un vrai souper de théâtre avec des fleurs et des fruits artificiels.

On avait eu le pot-au-feu pour dîner; la cuisinière fit un bœuf à la vinaigrette panaché de sardines et d'œufs durs.

Il restait même un bouquet de persil pour donner un air champêtre. Jamais salade russe n'avait fait plus de plaisir à Robert. Naturellement on arrosa cela d'une bouteille de vin de Champagne. Les marchandes à la toilette en ont toujours en réserve pour fournir à ces dames. Mᵐᵉ Radegonde s'était attablée à droite de Robert, qui avait à sa gauche Mathilde. Robert ne lui fit qu'une bien petite part et Mathilde lui donna la moitié de la sienne. Le souper fut très-gai. On retrouva un pot de confitures que Mathilde et Robert mangèrent dans la même cuiller « à tour de bec, » comme disait Mᵐᵉ Radegonde.

On eût bien bu une seconde bouteille de vin de Champagne, mais il n'y en avait qu'une à la maison cette nuit-là. On ne fut donc pas heureux jusqu'à perdre la tête.

— Après cela, dit la marchande à la toilette, quand on est amoureux on n'a pas besoin de vin de Champagne pour se griser.

Robert se demanda sérieusement s'il était amoureux de Mathilde.

La belle chiffonnière avait baissé les yeux et semblait elle-même questionner son cœur.

— Une lettre ! dit-elle tout à coup.

Robert et Mᵐᵉ Radegonde, qui ne comprirent pas, se tournèrent vers Mathilde avec curiosité.

— Oui, une lettre que je viens de trouver dans la poche de la robe.

Elle n'osait encore dire de ma robe.

— Elle est bien bonne, celle-là, dit la marchande à la toilette.

— Une lettre avec un cachet, reprit Mathilde. Voyez !

Elle passa la lettre à Robert.

— Oh ! oh ! dit-il, un cachet en cire bleu de ciel avec une couronne de comte.

— Je vois ce que c'est, dit Mme Radegonde.

— Comment vous voyez ce que c'est, est-ce que vous êtes somnambule?

— Pardieu, il ne faut pas être bien maligne, sans être somnambule, pour comprendre comment cette lettre était dans la poche de la robe. La princesse n'aura pas voulu la lire, parce qu'elle savait déjà la chanson.

— Mais comment devinez-vous cela ?

Mathilde ouvrait de grands yeux, comme si on parlait une langue qu'elle comprît mal.

— Vous voyez bien, reprit à la marchande la toilette, que, puisque cette lettre porte un cachet de comte, ce n'était pas le duc qui écrivait à la princesse.

— On lit toujours une lettre amoureuse, dit Robert.

— Excepté quand on sait ce qu'il y a dedans.

— On ne sait jamais, puisque l'amour est toujours l'imprévu du lendemain.

— L'imprévu pour les ignorants, mais pour ceux qui ont fait leurs humanités dans le sacré collége.

Robert retournait la lettre, il relisait la suscription :

Madame,

Madame la Duchesse Charlotte ***,

en son hôtel.

— Comme cette lettre sent bon, n'est-ce pas? dit Mathilde à Robert.

— C'est un miel. On en mangerait.

— Et quel papier? dit Mme Radegonde en prenant la lettre à son tour. Du vrai parchemin. Papier anglais. Mes enfants, voyez-vous, tout ce qui se fait de bien vient de là-bas : demandez à Cora Pearl.

— Mais non, puisqu'elle est venue faire l'amour ici.

— Mon panier a été souvent une boîte aux lettres, dit Mathilde en s'animant; c'étaient mes romans, je lisais cela avec passion quand c'étaient des lettres d'amour, mais seulement quand c'étaient des lettres de gens bien élevés. Par malheur, — je n'en avais que des morceaux, — comme pour mes robes.

— Je vous parie, reprit Mme Radegonde, que cette lettre à la duchesse est une lettre brûlante.

— Qui vous dit que ce n'est pas une lettre d'une comtesse à une duchesse?

— Allons donc, ce n'est pas là une écriture de femme, c'est une écriture d'homme, — et une écriture d'homme amoureux. Je m'y connais, car dans mon temps — et il n'y a pas un siècle — j'ai reçu des lettres en veux-tu en voilà, tu n'en veux plus, en voilà encore.

— C'est une écriture bête, dit Robert.

— C'est une écriture à coups de sabre, dit Mme Radegonde.

— Certes, reprit Robert, Don Juan ni Lovelace n'écrivaient ainsi. C'est peut-être pour cela que la dame n'a pas décacheté la lettre.

Mme Radegonde fit cette réflexion que peut-être la princesse avait reçu la lettre au moment où son mari rentrait, ou pendant que son confesseur était là, — ou à l'heure des visites. — Elle l'avait cachée dans sa poche. Et elle l'avait oubliée. Et elle avait donné sa robe à sa femme de chambre. Et la femme de chambre, bien convaincue qu'il n'y avait pas de billets de banque dans la poche, avait vendu la robe sans même y fouiller. Le hasard des choses !

Là-dessus, Mme Radegonde passa la lettre à Mathilde en lui disant :

— Ma belle enfant, c'est à vous à la lire.

— Jamais, dit Mathilde, nous n'avons pas le droit de lire cette lettre, il faut la porter à la princesse.

Robert regarda Mme Radegonde, comme pour lui dire : « Eh bien, ma chère, c'est pourtant une chiffonnée ramassée dans le ruisseau qui nous donne une façon de savoir-vivre. » En effet, sans le cri de conscience de Mathilde, on eût brisé le cachet pour arracher un secret à la princesse.

— Mais moi, dit Marguerite, j'étais comme

un confesseur. Je n'ai jamais révélé ce que je lisais dans les lettres déchirées. J'étais coupable de curiosité, mais je gardais cela pour moi. Il faut bien que tout le monde vive. Je n'avais pas autre chose pour amuser mon cœur.

Robert regarda Marguerite avec admiration. Il pensa que celle qui parlait ainsi d'amuser son cœur n'était pas la première venue.

— Qui sait, dit-il, si je n'ai pas mis la main sur une vraie femme!

X.

ROMÉO ET JULIETTE.

Mais Mme Radegonde n'avait pas une conscience de dix-huit ans. Elle redemanda la lettre à Mathilde.

— Ma chère petite, lui dit-elle, c'est très-bien ce que vous faites là. Respecter le secret d'autrui, à merveille. Mais moi, je ne suis pas si timorée, parce que je vis souvent du secret d'autrui. Voilà pourquoi je brise le cachet.

Et, disant ces mots, la marchande à la toilette alla chercher une petite paire de ciseaux pour couper l'enveloppe.

— Vous ne le ferez pas, dit Robert d'un ton impératif.

— C'est déjà fait, cria Mme Radegonde.

Elle revint tenant l'enveloppe d'une main et la lettre de l'autre :

— Cette lettre, qui n'est pas mon secret, je vais vous la lire tout haut.

— C'est cela, reprit Robert, pour que tout le monde ait la responsabilité de votre crime.

— Ne dirait-on pas que ce sont des secrets d'État ? Vous me faites rire.

— Moi, je n'écoute pas, dit Mathilde.

— Oui, oui, je vous connais déjà, vous n'écouterez pas, mais vous ne perdrez pas un mot.

Et Mme Radegonde lut à haute voix, avec toute l'expression d'une comédienne devant la rampe :

« Ma belle Juliette,

« Je vous envoie un coquelicot et un bleuet
« pour planter dans la gerbe de vos cheveux.
« J'ai cueilli ce matin ces fleurs rustiques à
« Enghien en songeant à notre promenade
« d'hier sur le lac.

« Certes, vous savez que je ne suis pas luna-
« tique le moins du monde, mais je ne puis
« m'empêcher de saluer la lune comme le soleil

« des amoureux. C'est charmant, on se voit et
« on n'est pas vu.

« Je vais vivre et mourir en vous attendant.
« Si vous saviez quelle joie de perdre ses yeux
« dans vos yeux : deux lacs d'azur où le regard
« se noie avec délices.

« En vérité, ma brune princesse, vous m'avez
« ouvert la porte de la vie. Jusqu'ici, j'aimais
« l'amour dans la femme ; grâce à vous, j'aime
« la femme dans l'amour.

« Voilà pourquoi je donnerais tout au monde,
« jusqu'à ma jeunesse, pour vivre quelques
« jours, vous à moi comme je suis à vous, mais
« ni chez vous, ni chez moi.

« Si vous êtes une vraie femme, vous aurez
« une consultation de médecin. Ce n'est pas en
« Enghien que nous irons prendre les eaux,
« mais dans les Pyrénées, à Cautterets. On vous
« laissera partir seule, puisqu'il faut qu'on soit
« à Paris.

« Moi, je m'arracherai à tout ce qui m'en-
« toure. Nous volerons le bonheur, puisque la
« destinée n'a pas voulu nous le donner.

« Si ce n'est qu'impossible, faites cela.

« Je ne vous dis pas que je vous embrasse

« dans les flammes vives, vous n'auriez qu'à le
« croire.

« Roméo. »

— Eh bien, dit Mme Radegonde, celui-là n'y va pas par quatre chemins. Mais il y met encore des réserves en prenant la femme de son prochain. Il ne veut l'enlever qu'à temps ; c'est un homme d'esprit. Il sait bien qu'après une saison d'eau très-agitée, il faut ramener la femme à son mari. Attendez, il y a encore quelque chose.

« P. S. Vous pouvez vous confier à Nani, puis-
« qu'elle ne sait pas le français. »

— Eh bien oui, répondit la marchande à la toilette, la princesse peut se fier à Nani, seulement Nani me vend les secrets de la princesse en me vendant ses robes. Il ne faut jamais confier son secret à sa robe.

— Et que ferez-vous de ce secret? demanda Robert à Mme Radegonde.

— Oh mon Dieu, rien du tout, à la condition qu'on me vendra toutes les robes de la princesse un peu beaucoup moins cher qu'elles ne lui coûtent. Comme disait Mlle Rachel, je suis une juive, mais je ne suis pas un juif.

— A la bonne heure, dit malicieusement Robert, je ne vous croyais certes pas une si belle âme.

Et, se tournant vers Mathilde :

— Eh bien, mademoiselle Mathilde, que dites-vous de cette lettre ?

— Moi, je n'ai pas écouté.

— C'est égal, dites toujours ce que vous en pensez?

— Ce que j'en pense? c'est qu'après tout la princesse n'est pas bien coupable pour s'être promenée au clair de la lune. Il ne faudrait pas la mal juger sur tous ces bavardages de M. Roméo.

— Allons donc! Et le post-scriptum, dit Mme Radegonde : si la lune est discrète, le post-scriptum est indiscret. « *Vous pouvez vous confier à Nani.* » Et puis cette ligne éloquente du second alinéa : « *C'est charmant : on se voit et on n'est pas vu.* »

Cette lettre, qui allait bientôt désespérer M. de Vielchâtel, était déjà vieille de huit jours. Elle était d'un ministre étranger très-discret qui avait séduit la princesse Charlotte par son esprit. On s'était rencontré à Enghien, on s'était aimé au clair de la lune, l'amoureux voulait continuer le rêve, mais l'amoureuse s'était réveillée et elle avait noyé l'amour dans le lac.

XI.

COMMENT ON S'AIME QUAND ON NE S'AIME PAS.

Tout à coup on frappa rudement à la porte.
— C'est donc la nuit aux aventures, dit Mme Radegonde en se levant avec quelque inquiétude.

— N'ouvrez pas, lui dit Robert en se levant.
— Attendez, je vais aller écouter à la porte.
On entendait un bruit de voix.
On ne frappa plus. Le silence se fit presque aussitôt.

— Ce n'est rien, dit Mme Radegonde en revenant, quelque querelle d'amoureux. Il m'a fallu quelquefois mettre le holà. Vraiment, en vérité, il y a trop de femmes dans cette maison. Si je ne l'habitais pas, il n'y aurait pas une seule femme irréprochable.

Robert salua gravement.

— A propos, où allez-vous loger, mademoiselle Mathilde ?

— Où il plaira à Dieu.

— Oui, c'est connu. Pourquoi ne dites-vous pas qu'elle vivra de l'air du temps ? Mais il n'y a que dans les romans où l'on loge à la belle étoile.

— Mathilde est de celles qui doivent jouer le grand jeu de la vie. Il lui faut un hôtel comme à Rosalie Léon, à Cora Pearl, à Léninger, à toutes celles qui disent comme dans les *Filles de marbre :* place aux honnêtes femmes ! Le monde n'est pas aux timides ni aux modestes. Il faut vaillamment lever la tête et imposer impérieusement sa volonté. Ce qui m'a perdu, moi, c'est que j'ai été amoureux. Deux choses arrêtent la plupart des hommes dans leur but : ici l'amour, plus loin le devoir, deux sublimes duperies.

On se regarda en silence comme pour interroger l'avenir.

— Et vous, Mathilde, demanda Mme Radegonde à la jeune fille, donnerez-vous dans les bêtises du cœur?

Mathilde regarda Robert.

— Non, répondit-elle en rougissant.

Robert savourait ce mensonge quand on entendit un grand cri dans l'appartement du dessous.

— Mais cette maison est un coupe-gorge, dit-il à Mme Radegonde.

Mathilde se rapprocha de lui avec un sentiment de frayeur.

La pauvre fille avait horreur des querelles nocturnes. Il n'est pas de nuit où elle n'eût assisté à des batailles plébéiennes entre ivrognes ou amoureux. Elle ne s'était jamais habituée à ces abominables spectacles. Aussi avait-elle pris en profond mépris les hommes qui frappent et les femmes qui pardonnent.

— Cette demoiselle du dessous est très-violente, dit Mme Radegonde; on l'a surnommée Fleur du Mal. C'est une prédiction; elle ira au diable corps et âme.

On frappa une seconde fois à la porte de Mme Radegonde.

— Nous ne pouvons pourtant pas laisser

égorger nos voisines, dit la marchande à la toilette. Passez dans le salon; cachez Mlle Mathilde dans une armoire à robe. Au moins, s'il le faut, nous irons prêter main-forte à Fleur du Mal.

— Oui, dit Robert en s'élançant vers la porte d'entrée.

Dès qu'il l'eut ouverte, une femme ensanglantée entra précipitamment.

— Le lâche, dit-elle à plusieurs reprises, il m'a battue comme un chien.

Mlle Fleur du Mal était encore jolie, quoiqu'elle eût un œil poché et le nez en sang.

Robert allait suivre la nouvelle venue quand il entendit du bruit dans l'escalier.

C'était l'amoureux.

Il alla droit à lui.

— Monsieur, on ne bat plus les femmes.

— Monsieur, je donne des leçons et je n'en reçois pas. Allez vous coucher.

L'amoureux de Fleur du Mal avait une canne, Robert avait un bougeoir.

Sur ce mot, allez vous coucher, Robert s'imaginant qu'il avait affaire à un homme mal élevé, lui passa le bougeoir sous la moustache.

L'amoureux leva sa canne, mais Robert la saisit.

— Monsieur, dit l'amoureux, de quoi vous mêlez-vous? Est-ce que vous êtes un officier de paix?

— Non, monsieur, j'aime la guerre; vous le voyez bien, puisque je vous désarme, mais demain, si vous n'êtes pas le dernier des hommes, je vous donnerai un coup d'épée.

L'amoureux, qui s'était un peu grisé de vin de Champagne, d'amour, de jalousie et de colère, parut comprendre la gravité de l'aventure.

Il prit une carte et la remit à Robert.

— Tenez, monsieur, maintenant vous pouvez me rendre ma canne.

Ce que fit gracieusement Robert en regardant la carte.

Le Vicomte DE VIELCHATEL

3, rue de l'Université.

Après avoir lu, Robert passa sa carte à son tour.

> ROBERT AMILTON
>
> 10, rue du Cardinal Fesch.

Le comte de Vielchâtel lut ce nom jusqu'à trois fois, tout en regardant Robert, qui avait meilleure mine que son nom.

— Il manque un H, dit-il avec une pointe d'impertinence.

— Peut-être, dit Robert en souriant, mais l'épée ne fera pas défaut.

Robert rentrait dans l'appartement quand il s'aperçut que M. de Vielchâtel le suivait.

— Mais, monsieur, vous n'avez que faire ici.

— Comment, je n'ai que faire ici? Est-ce que vous avez la prétention de vous constituer gardien de ma maîtresse?

— Ce n'est plus votre maîtresse, puisque vous l'avez battue comme un cocher de fiacre ne battrait pas la sienne.

— Voyons, monsieur, je consens à un duel avec vous, bien qu'il manque quelque chose à votre nom; mais, de grâce, ne vous faites pas avec moi professeur de belles manières. Vous comprenez bien que si je veux revoir cette femme, ce n'est plus pour la battre.

— Ah! si c'est pour la panser, j'y consens.

On fit deux pas en avant. On entendait Mlle Fleur du Mal qui parlait très-haut et qui racontait d'une voix entrecoupée de sanglots qu'elle était la plus malheureuse des femmes.

La lumière du bougeoir frappa à vif sur la table de la salle à manger, où Mme Radegonde avait laissé la lettre de Roméo à Juliette.

Quoique le vicomte de Vielchâtel ne s'inquiétât pas beaucoup à cette heure du mobilier de l'appartement, le hasard fit tomber ses yeux sur cette lettre.

Il s'arrêta, il regarda mieux et se pencha pour la saisir.

— Qu'est-ce que cela! dit-il tout surpris, une lettre adressée à la princesse Charlotte.

Il commença à lire.

— Que faites-vous? dit sévèrement Robert.

— Monsieur, cette lettre est à moi.

— Comment, cette lettre est à vous?

M. de Vielchâtel se hasarda à mentir pour mettre la main sur la lettre, croyant sauver l'honneur de la princesse.

— Oui, puisque c'est moi qui l'ai écrite.

— Ce n'est pas une raison. La lettre que l'on a écrite appartient à celui ou à celle à qui elle est adressée.

— Toujours des leçons de savoir-vivre. Je vous dirai, monsieur, que celui ou celle à qui cette lettre est adressée n'étant pas ici, je reprends ma lettre.

— Qu'est-ce que j'entends? dit Mme Radegonde qui était survenue.

— Ne faites pas attention, lui répondit le vicomte de Vielchâtel, je viens de retrouver une de mes lettres qui était égarée sur votre table.

Mme Radegonde était survenue pour faire un rempart de son corps à sa jeune amie Fleur du Mal.

Elles se devaient beaucoup l'une à l'autre.

Si la marchande à la toilette avait produit Fleur du Mal dans le monde, en la nippant à la dernière mode, Fleur du Mal, qui n'était pas ingrate, avait émaillé la table de Mme Radegonde de quelques poignées de louis d'or, en ayant l'air de ne pas compter, quoique la demoiselle comptât bien.

On n'aura jamais besoin d'imposer aux femmes le calcul obligatoire.

Dans le cœur de chaque courtisane il y a une petite maison de banque. Toutes ne meurent pas riches, mais combien qui ont traversé la fortune parmi celles qui vont échouer à l'hôpital.

— Voyons, dit le vicomte de Vielchâtel, faudra-t-il avoir deux duels avant de pouvoir parler à ma maîtresse?

— Vous n'avez plus de maîtresse, cria Fleur du Mal. Allez vous dégriser avec les femmes du monde.

— Cette fille me rappellera toujours à mes devoirs, reprit le vicomte en essayant de faire le joli cœur. Eh bien, je vais me dégriser avec les femmes du monde.

Et, se tournant vers Robert Amilton :

— Soyez sans inquiétude, monsieur, nos témoins se seront vus à dix heures; je ne fais jamais attendre que les femmes.

M. de Vielchâtel sortit heureux d'emporter la lettre de Roméo à Juliette, plus heureux d'échapper enfin à Fleur du Mal.

Amilton cligna de l'œil devant la forfanterie du baron.

Quand Mlle Fleur du Mal vit que son amant s'en allait de si bonne grâce, parce qu'elle l'avait « rappelé à son devoir », elle s'écria :

— Il ne fait jamais attendre que les femmes ! Eh bien, c'était pour qu'il fît attendre sa princesse que je l'ai retenu ce soir. J'aurais dû lui casser bras et jambes. Il s'est grisé en dînant avec moi et Rosa-la-Rose. Il a le vin fat. Il s'est vanté d'avoir vers onze heures un rendez-vous avec une princesse. Il est deux heures, on peut lâcher l'oiseau du nid. Il arrivera là quand le cage d'or sera fermée. Va, mon amoureux, va faire des pigeonnières à la porte du colombier.

— Vous ne vous aimez donc plus ? demanda Mme Radegonde à Fleur du Mal.

— Nous nous aimons tant que nous nous haïssons. Voyez plutôt comme il me bat !

Et, disant ces mots, Fleur du Mal s'échappa des mains de Mme Radegonde pour courir après M. de Vielchâtel, ce que voyant, la marchande à la toilette débita le vers de Lafontaine :

« Chassez le naturel, il revient au galop. »

Mais M{^{lle}} Fleur du Mal ne parvint pas à ressaisir le vicomte.

Elle avait été battue : c'est tout ce qu'il pouvait faire pour elle cette nuit-là.

XII.

SUR LE BALCON.

Cependant le vicomte, qui avait deux domiciles, un rue de Varennes et un rue Lord Byron, ne rentra pas rue de Varennes, espérant encore que la princesse rêvait sur son balcon à la belle étoile. Il se fit conduire rue Lord-Byron.

Il ouvrit sa fenêtre.

La princesse entendit-elle le bruit d'une fenêtre qui s'ouvre? Ce qui est certain, c'est qu'elle n'ouvrit la sienne que cinq minutes après.

Charlotte, qui aimait plus encore les comédies de l'amour que l'amour lui-même, avait retenu cette nuit-là Mlle d'Armaillac en lui promettant un spectacle nouveau; peut-être, d'ailleurs, l'avait-elle retenue dans le pressentiment d'une catastrophe : il y avait de l'orage dans son cœur comme dans le ciel. Elle ne doutait pas que M. de Vielchâtel ne fît des siennes à minuit comme les autres nuits; elle n'aimait pas assez le vicomte pour savourer cette passion dans le mystère; on sait d'ailleurs qu'elle en était arrivée à tout dire à Mlle d'Armaillac, moins les dernières réserves. Les femmes dans leurs confessions ouvrent toutes leurs portes; mais elles cachent toujours la porte dérobée.

Les deux amies avaient beaucoup babillé dans la soirée. On s'était promis de s'amuser des sérénades de M. de Vieilchâtel. S'il fût venu à l'heure habituelle, Jeanne aurait pu s'en aller « après la comédie, » selon le mot de la duchesse. Mais quand Jeanne voulut dire adieu à son amie, celle-ci la retint : « Il viendra! » dit-elle. Et elle écrivit un mot à Mme d'Armaillac pour qu'elle fût sans inquiétude si sa fille ne rentrait pas.

Plus d'une fois déjà il était arrivé à Mlle d'Armaillac de se coucher dans la chambre de la princesse, soit sur le lit qui était aussi large que celui de Louis XIV, soit sur la chaise longue où la princesse, se couchait elle-même dans ses nuits d'insomnie.

Il était écrit là-haut que Jeanne sauverait la princesse cette nuit-là, — grâce à Mlle Fleur du Mal qui avait retenu le vicomte pour être battue.

Le vicomte avait commencé un bout de testament en se rappelant son duel avec Amilton. Il jeta la plume en s'écriant :

— Allons donc! l'épée qui doit m'atteindre n'est pas encore trempée.

Il se remit à la fenêtre et vit la princesse.

Il descendit dans le premier jardin.

Une fois au mur mitoyen, il grimpa sur le treillage, il marcha sur le mur comme un somnambule et il se campa contre un grand vase de terre cuite.

Il n'était pas à vingt coudées de la princesse, qui était passée sur son balcon, dans le coquet appareil d'une femme qui ne dormait que d'un œil.

Le vicomte de Vielchâtel n'avait pas l'habitude d'escalader les balcons pour triompher des femmes. Jusque-là il était arrivé de plain-pied, mais enfin la princesse valait bien la peine qu'on se risquât un peu. Quoiqu'il ne fût pas romanesque, l'amour le grisait assez pour lui donner toutes les hardiesses.

Il avait espéré que la princesse descendrait dans le jardin. Puisqu'elle ne descendait pas dans le jardin, il se croyait obligé de monter sur le balcon. D'ailleurs, pourquoi serait-elle là, à cette heure avancée, si ce n'était pour l'attendre ? Il savait que le prince passait presque toutes ses nuits au cercle ou ailleurs. Il ne se doutait pas qu'il fût devenu jaloux et que son billet doux lui était tombé dans les mains. Aussi se mit-il à l'œuvre, croyant qu'il serait aussi le Roméo de cette Juliette.

La princesse n'imaginait pas que son amoureux tenterait l'aventure jusque-là. Comment escalader un balcon? Elle ne savait pas que dans la dernière guerre tous les officiers improvisés, comme M. de Vielchâtel, s'étaient distingués par des prodiges. Aujourd'hui, d'ailleurs, qui n'a passé par les écoles de gymnastique? Il n'y a plus que les voleurs dont c'est le métier qui ignorent les exercices des ascensions, des chutes et des contre-chutes.

Le vicomte était décidé à tout tenter depuis qu'il avait lu la lettre trouvée dans la robe.

La princesse mit d'ailleurs le vicomte à son aise en lui demandant s'il n'avait pas rencontré son mari au cercle.

— Il n'a plus de passion que pour le jeu, poursuivit-elle. Un jour il fera comme ces Russes qui jouent leurs châteaux, leurs hôtels et leurs maîtresses.

— Eh bien, dit le vicomte, si jamais je joue avec lui, je vous jouerai en cinq points.

— Partie et revanche ; mais, mon cher, vous perdrez parce que mon mari retourne le roi tandis que vous ne retournez que la dame.

Sur cette parole quelque peu risquée, M. de Vielchâtel jugea que c'était le moment ou jamais d'escalader le balcon.

— Chut, lui dit la princesse, si vous faites un pas, je ferme la fenêtre.

M. de Vielchâtel fit le pas des dieux : il était déjà sous le balcon.

Ce qui le jetait en avant, c'était la lettre trouvée autant que l'ardeur de la bataille : s'il n'eût été qu'amoureux, peut-être n'aurait-il pas tenté si vaillamment une pareille entreprise, non pas que le balcon fût bien haut.

— Elle ne me fera pas croire, dit-il, que sa

vertu est encore plus haute que cela. Je ne veux pas qu'elle se moque de moi avec un autre.

Cependant la belle n'avait pas fermé la fenêtre.

Elle ressentit une violente émotion devant ce danger inattendu.

Il était écrit là-haut que Robert Amilton rencontrerait une chiffonnière qu'il métamorphoserait chez une marchande à la toilette; — que la chiffonnière trouverait une lettre dans une robe de la princesse, vendue à la fripaille, — que cette lettre qui révélait une aventure galante donnerait à M. de Vielchâtel le courage de tout braver pour triompher de la princesse. On sait que jusque-là le vicomte avait bien jeté quelques pierres dans son jardin, mais il ne menaçait pas encore d'escalader le balcon.

Le cœur de la dame battait bien fort.

Si son mari rentrait?

Il est vrai qu'il rentrait chez lui et pas chez elle, hormis dans les grands jours.

Sa chambre, à lui, ne donnait pas sur le jardin. Elle se sentait donc encore loin de lui, même s'il revenait du club.

Et puis le danger attire les âmes vaillantes.

Elle pouvait se réfugier derrière sa fenêtre fermée ; elle demeura héroïque sur le balcon, se disant à elle-même comme pour s'aguerrir :

— Je n'ai pas peur.

Elle avait peur, non pas des attaques du vicomte, mais de toutes les fenêtres indiscrètes qui la regardaient.

A ces vingt fenêtres des hôtels voisins, il n'y avait toutefois qu'une seule lumière, celle de M. de Vielchâtel ; mais qui sait si quelque étranger désœuvré ne s'amusait pas à regarder s'il faisait beau temps en soulevant le rideau ?

Heureusement, la lune était couchée. A peine si les nuages laissaient transpercer çà et là les étoiles.

— Qu'importe ! murmura la princesse. Ces étrangers sont des oiseaux de passage ; je ne les verrai jamais ; du moment que je n'ai pas peur de ma conscience, je n'ai pas peur des gens qui ne sont ni de mon pays ni de mon monde.

Déjà le vicomte était sur le balcon : il allait saisir son rêve.

Mais il était écrit là-haut qu'il trouverait l'ennemi dans la place, un ennemi terrible, armé jusqu'aux dents.

Mlle Toutyva, qui avait perdu dans la soirée un des diamants donnés en des jours meilleurs par Robert Amilton, ne voulait pas être longtemps privée de ce talisman, — lequel faisait de l'œil à son public ordinaire et extraordinaire ; — elle avait écrit à minuit au prince,— son amant anonyme, — que son oreille droite ne pouvait pas rester veuve ; qu'elle le condamnait à lui apporter le lendemain matin une autre boucle d'oreilles, à moins qu'il n'aimât mieux lui apporter la paire, sinon elle lui refuserait ses grandes entrées.

Cette petite lettre avait exaspéré le prince, qui s'était promis d'être plus terrible encore dans sa vengeance.

Voilà pourquoi il ne dormait pas encore à trois heures du matin.

XIII.

COMMENT MADEMOISELLE D'ARMAILLAC SE SACRIFIA A LA PRINCESSE.

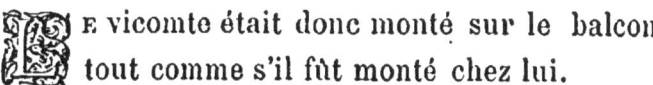

E vicomte était donc monté sur le balcon tout comme s'il fût monté chez lui.

Quand la princesse vit que c'était si sérieux, elle se jeta dans son petit salon et ferma la fenêtre. Il était temps, une seconde de plus il entrait avec elle.

— Bonne nuit! dit-il.

— Bonne nuit! répondit-elle.

Fallait-il briser la glace?

Le vicomte ne voulait pas aller jusqu'aux voies de fait.

Il frappa trois coups. Quoiqu'on eût éteint les

bougies, il vit que la princesse était restée devant la fenêtre.

— De grâce, lui dit-il, ne me forcez pas à me rompre le cou. J'ai pu risquer ma vie pour venir jusqu'à vous, mais ne me condamnez pas à la risquer pour m'en aller.

La princesse ouvrit la croisée.

— J'ouvre, dit-elle, mais c'est à une condition : c'est que vous resterez sur le balcon. Vous dites que vous ne voulez pas vous en aller par le même chemin : on croirait vraiment que je vous ai jeté une échelle de soie. Prenez-vous mon hôtel pour une grande route?

— Non, mais voulez-vous qu'on me trouve demain matin expirant dans votre parterre de roses ? Encore si j'étais sûr d'être enterré là !

— Vous voudriez bien me faire croire que vous avez peur de faire une chute.

— Je voudrais vous faire croire que je vous aime.

— Il ne manquerait plus que cela. Si vous ne m'aimiez pas, vous seriez un voleur et j'appellerais mes gens.

— Si je pouvais vous voler quelque chose?

Le vicomte avait saisi la main de la princesse.

— Chut! nous ne sommes que des ombres, nous ne devons pas nous toucher.

— Eh bien, puisque je ne suis qu'une ombre, donnez-moi l'hospitalité.

— C'est mille et une fois impossible : 1° je suis mariée ; 2° je couche avec ma conscience ; 3° je ne vous aime pas, ceci me dispense d'en dire davantage.

— Ma chère princesse, si vous ne m'aimiez pas vous ne me le diriez pas.

— Alors, vous vous figurez que si je suis là à trois heures du matin, c'est que je vous attendais.

— Oui, j'ai la fatuité de croire cela.

— Eh bien, adieu, je vais refermer la fenêtre. Et vous aurez la fatuité de descendre de mon balcon comme si vous reveniez d'une bonne fortune.

Il la retint en lui disant :

— Ah! si c'était Roméo vous seriez Juliette!

— Je ne comprends pas.

Le vicomte lui montra la lettre du ministre étranger.

— Je comprends moins encore.

— C'est vrai que vous n'avez pas lu cette

lettre, mais je l'ai lue, moi... et je comprends...
je comprends trop... Entrons, pour que je vous
conte cette aventure.

— Contez ici.

— Eh bien! vous m'avez trahi sur le lac
d'Enghien.

La princesse paya d'audace :

— Alors c'est votre rival que je trahis en vous
recevant sur mon balcon.

— Alors Juliette aime Roméo?

— Juliette aime toujours Roméo.

Et comme la princesse ne voulait pas fâcher
M. de Vielchâtel, elle lui passa les mains sur les
lèvres en lui disant : « A demain! »

— A jamais! dit-il avec une pointe de colère.
Je ne joue pas les seconds rôles.

— Eh bien! à jamais! dit la princesse en dégageant sa main.

M. de Vielchâtel ne voulait pas qu'on le mît
sitôt à la porte — ou à la fenêtre. — Il passa du
mode majeur au mode mineur. Il devint doux,
sentimental, suppliant. La princesse se laissa
toucher — tout en reprenant la lettre trouvée
dans sa robe. La causerie devint plus intime, on
accorda une main, puis une autre main, on prit

un baiser sur la chevelure, puis un baiser sur le cou.

Mais la princesse n'avait pas permis au vicomte de quitter le balcon, quoiqu'elle fût toujours dans son petit salon. Le balcon, ce n'était pas tout à fait chez elle. Sur le balcon, c'était un monsieur qui passait et qui demandait l'aumône. C'était encore l'amour extra-muros.

Cependant, comme les amoureux écoutaient chanter tous les rossignols de leur cœur, voilà que tout à coup un grand bruit se fit à une des portes de la chambre. Charlotte dégagea sa main et s'élança vers son cabinet de toilette pendant que Mlle d'Armaillac, qui sommeillait tout habillée dans la chambre à coucher, se jetait vers la fenêtre du petit salon sans bien savoir où elle était ni où elle allait.

Or, le prince venait d'entrer contre toutes les lois de la bienséance.

Entrer à minuit chez sa femme sans se faire annoncer, c'est dans la civilité consacrée par Mme de Genlis, mais à trois heures du matin, c'est commettre une violation du domicile conjugal. Il paraît que le prince ne se soumettait pas ce soir-là aux beaux usages du monde.

Il s'était même servi d'une clef qu'on ne lui connaissait pas.

Le vicomte de Vielchâtel n'avait pas fui lâchement comme font en pareille occurrence les amoureux qui attaquent les femmes et qui ont peur des hommes. D'ailleurs, risquait-il beaucoup plus d'attendre de pied ferme que de se précipiter dans le jardin?

Toutes les bougies étaient éteintes.

Mlle d'Armaillac vint dans le petit salon, croyant y trouver la princesse.

Ce fut alors qu'un coup de revolver fut tiré sur elle.

Elle poussa un cri.

M. de Vielchâtel se hâta d'accourir au bruit et se heurta au prince. Il ne douta pas qu'il ne fût l'homme au revolver; il le saisit violemment et le jeta à ses pieds. Le prince se releva aussitôt, mais le vicomte le repoussa par une vive secousse jusqu'à la porte où il venait de passer.

— Quoi, lui cria-t-il, vous avez la lâcheté de tuer les femmes...

— C'est vous que je tuerai.

La femme de chambre de la princesse, qui ne

se couchait jamais avant que sa maitresse ne fût dans son lit, arriva alors avec son bougeoir. Elle-même poussa un cri en voyant Mlle d'Armaillac tout ensanglantée.

Ce fut une grande surprise pour M. de Vielchâtel, qui n'en pouvait croire ses yeux.

Comment la princesse s'était-elle métamorphosée ainsi?

Ce fut une plus grande surprise encore pour le prince.

Le billet du vicomte était-il adressé à Mlle d'Armaillac? Ne venait-elle depuis quelque temps voir si souvent la princesse que pour être plus près de M. Vielchâtel? Ces idées lui traversèrent rapidement l'esprit. Il alla à Mlle d'Armaillac; il n'avoua pas qu'il avait tiré un coup de revolver pour atteindre sa femme ou le vicomte, ne sachant plus à qui s'en prendre dans sa jalousie; mais il crut s'excuser en disant à Jeanne :

— Je ne voulais atteindre que cet homme, ne sachant pas si j'avais affaire à un voleur ou à un amoureux.

Comment la princesse ne reparaissait-elle pas? Elle ne s'était pas évanouie, mais l'effroi de ce drame intime et nocturne l'avait glacée et pétriflée. Elle se tenait à la portière, sans pouvoir faire un pas. Enfin, elle arriva silencieuse et se jeta dans les bras de Jeanne pendant que le prince et le vicomte échangeaient leurs cartes.

— Chut, dit Jeanne à la princesse, n'allez pas faire croire que M. de Vielchâtel soit venu pour vous. S'il est venu pour moi, tout est sauvé.

Disant ces mots, M{^{lle}} d'Armaillac regardait le sang qui coulait de son bras.

— Je n'ai rien senti, dit-elle.

Et, souriant pour consoler la princesse :

— Vous me donnerez un bracelet pour cacher ma blessure.

— Pour cacher ma blessure, dit la princesse.

M. de Vielchâtel avait compris.

— Monsieur, dit-il au prince, je suis dans mon tort d'être venu ici, je ne savais pas que ce petit salon fût si près de la chambre de la princesse. Il fallait à tout prix que je parlasse cette nuit à M{^{lle}} d'Armaillac. Vous savez bien que je n'en voulais pas à son honneur, puisque je suis tout prêt à lui offrir ma main. Il n'y a donc pas de duel possible.

Le prince regarda tour à tour les deux femmes, comme pour se demander s'il n'était pas dupe d'une comédie bien jouée. Mais n'avait-il pas atteint Mlle d'Armaillac devant le balcon où était M. de Vielchâtel?

Il se laissa prendre.

— Non, dit-il, il n'y a pas de duel possible; je ne veux pas compromettre votre fiancée. C'est à moi à vous faire des excuses.

— Non pas à moi, monsieur, mais à Mlle d'Armaillac et à la princesse.

Le prince alla supplier les deux femmes de lui pardonner.

XIV.

IL Y A PROMESSE DE MARIAGE.

Le lendemain, le prince écrivit lui-même une petite lettre au vicomte pour l'inviter à venir voir chez lui Mlle d'Armaillac.

Pourquoi M. de Vielchâtel ne vint-il pas tout de suite?

Au déjeuner, le prince dit à la jeune fille qui portait gaiement sa blessure :

— A quand le mariage?

— Plus tôt peut-être que vous ne pensez, lui répondit-elle.

Était-ce le mariage de sa femme avec M. de Vielchâtel?

Ou bien le vicomte allait-il se retourner vers Mlle d'Armaillac?

Le soir, le vicomte de Vielchâtel n'était pas encore venu.

Ni le lendemain.

Ce jour-là, la princesse mit bientôt au bras de Jeanne un bracelet incomparable par le travail des ciselures.

— Pourquoi ce bracelet? lui demanda-t-on la première fois qu'elle se montra les bras nus.

Elle répondit qu'elle voulait cacher un grain de beauté.

XV.

UN VERRE D'EAU AU CABARET.

EPENDANT, que devenait la vertu de la chiffonnière dans la mauvaise compagnie de Robert Amilton? Il avait eu neuf duels en quinze jours. Voulait-il avoir son dixième duel avec la chiffonnière? Mais aurait-il raison de celle-là comme de ses autres adversaires? Si nous retournons chez Mme Radegonde, nous les retrouverons tous les deux vers le point du jour. La marchande à la toilette, qui est une femme entendue, avait offert à Mathilde d'aller prendre un bain avec elle pendant que Robert sommeillerait sur le canapé.

Mathilde, qui ne se baignait que l'été, trouva

que la saison n'était pas venue, mais enfin elle voulut bien accompagner Mme Radegonde. Elle croyait jusque-là qu'il n'y avait pas d'autres baignoires que la Seine. Elle fut émerveillée de voir qu'on se couchait dans une baignoire sur un drap blanc, dans une eau blanchie de pâte d'amandes et parfumée de vinaigre de Lubin. Un peu plus, elle buvait son bain. Tout lui paraissait admirable, jusqu'aux têtes de cygne : N'était-ce pas pour elle un miracle de les voir verser de l'eau froide ou de l'eau chaude ?

Quand vint la pédicure, elle fit bien quelques façons pour donner son joli pied. Elle ne s'imaginait pas que dans le monde où elle entrait on juge la femme au pied comme à la tête. Par exemple, elle abandonna sa main au manicure en toute confiance, non pas qu'elle espérât qu'il allait lui tirer la bonne aventure, mais parce qu'elle ne doutait pas qu'il n'embellît sa main.

Elle se sentit bien plus légère quand elle revint vers Robert Amilton. Il était profondément endormi. Mme Radegonde le réveilla pour lui dire qu'il ne connaissait pas son bonheur. Son bonheur, c'était Mathilde. La marchande à la toilette, qui était curieuse, avait admiré dans la nudité surprise le dessin voluptueux de cette jeune beauté. Elle s'étonnait qu'elle fût arrivée jusqu'à près de seize ans avec toutes les vertus de la rosière et avec toutes les virginités d'une fille du monde. Comment un de ses pareils ne l'avait-il pas enlevée dans sa hotte ? Comment un dénicheur de merles n'avait-il pas découvert ce trésor du ruisseau et du chiffon ?

— Vous savez, dit Mme Radegonde à Robert Amilton, vous savez que si vous avez trop de choses à faire, je me charge du sort de Mathilde.

— Vous ! dit-il en se réveillant tout à fait et en saisissant Mathilde dans ses bras. Vous ! j'aimerais mieux la reconduire à sa mère.

— Oh ! non, ni l'une ni l'autre, dit Mathilde avec effroi.

Et pourtant, si l'une était le passé, l'autre était l'avenir; si l'une était la misère, l'autre était l'abîme.

Robert Amilton avait demandé à Mme Radegonde ce qu'il pourrait bien emprunter sur le célèbre diamant, — le diamant de Mlle Toutyva, — ou plutôt encore de Mathilde.

La marchande à la toilette avait parlé de

trois ou quatre mille francs, tout en se réservant de le voir au grand jour. Il fut décidé qu'on le mettrait au mont-de-piété dès que sonneraient huit heures.

A huit heures et demie, Robert Amilton et Mathilde allaient respirer au bois l'air du matin dans une victoria de Brion, attelée de deux chevaux anglais. Le conte de fées continuait pour la chiffonnière. Elle demanda à aller jusqu'à Saint-Cloud.

— Si vous saviez, dit-elle à Amilton, comme je serais contente de revoir avec vous ce pays-là !

— Pourquoi, ma belle enfant ?

— C'est que je suis heureuse aujourd'hui et que j'y suis allée quand j'étais la plus malheureuse des créatures. Il n'y a pas longtemps, toute la nichée s'est envolée par là pour y faire une partie de campagne entre chien et loup. C'est-à-dire vers cinq heures du matin, on m'a forcée à boire, et comme je ne voulais pas boire, on m'a battue; on m'a forcée à chanter, et comme je ne voulais pas chanter, on m'a arraché les cheveux. J'en voulais au bon Dieu d'être opprimée ainsi par toute ma famille, j'en voulais au soleil qui s'est levé là-dessus, j'en voulais aux beaux arbres qui ombrageaient le cabaret. Aujourd'hui que j'ai le cœur gai, je veux demander pardon à Dieu, je veux envoyer des baisers au soleil, je veux boire un verre d'eau sous les arbres du cabaret.

Mathilde dit tout cela avec abondance de cœur, d'un air si ingénu que Amilton, qui n'était pas tendre, sentit deux larmes dans ses yeux.

— Ce pauvre monde, dit-il, comme il est calomnié ; c'est l'éducation qui le fait mauvais. Ainsi, c'est bien plutôt l'éducation obligatoire que l'instruction obligatoire qu'il faudrait prêcher. Tout bien considéré, il n'y a qu'un maître : Dieu, il n'y a qu'une école : l'Église. Seulement, il faudrait commencer par faire l'éducation du prêtre.

On alla donc à Saint-Cloud, on s'arrêta au cabaret recommandé par Mathilde. Mais, quoique Amilton lui offrit d'y déjeuner, elle n'y voulut prendre qu'un verre d'eau.

C'était l'effacement du passé.

On monta en voiture et on revint à Paris. Robert Amilton était devenu meilleur. Quoiqu'il ne fût pas un saint, il causa avec Mathilde plutôt comme un frère que comme un amoureux.

A un certain moment, comme il s'attendrissait un peu trop, il se dit :

— Mais après tout, je ne vais pourtant pas la conduire au Sacré-Cœur !

La victoria passait alors devant Bignon. Il donna l'ordre au cocher d'arrêter et dit à Mathilde qu'elle allait déjeuner avec lui au café.

Tout homme est un enfant. Celui-ci s'amusait du spectacle qu'il allait donner. Il lui était souvent arrivé d'amener là une fille à la mode. Cette fois, il amenait une inconnue.

Comme elle était fort jolie, tous les habitués du café levèrent la tête et la dévisagèrent. Un ami des femmes vint à Amilton pour être présenté à la dame, sous prétexte que c'était la plus jolie femme qu'il eût jamais vue.

Amilton fit la présentation.

— Grand fat, lui dit-il, tu vas dire d'elle comme de toutes les autres : *Je la connais !* Eh bien, tu ne la connaîtras jamais, — ni moi non plus !

A cet instant, Amilton se rappelait son duel avec M. de Vielchâtel.

— Je suis sûr d'être tué ! pensa-t-il en regardant Mathilde.

LIVRE XV

LES DUELS

BELLE DE NUIT.

I.

LE DUEL DU DIABLE.

Je m'ennuyais bien un peu de n'avoir pas de nouvelles du diable, je ne m'expliquais pas son silence, je devenais plus sceptique encore sur l'amitié en pensant que le diable lui-même n'était pas un ami sérieux. Que pouvait-il faire en Espagne si longtemps? Était-il retourné dans ses autres États ; ce qui est certain, c'est qu'on n'ouvrait plus les volets de son hôtel. — Tant pis, me dis-je, c'était un bon diable. La plupart des femmes qui l'avaient connu me disaient à tout propos : — Donnez-moi donc des nouvelles du marquis de Satanas.

On voyait que ses vingt-cinq louis manquaient

sur la place; il avait tant de fois, à la fin d'un souper, donné aux femmes les miettes de sa table.

Peut-être était-il en correspondance avec le duc d'Obanos; mais le hasard des choses m'avait mis en intimité avec son rival, le comte de Briançon. Je n'aime pas à courir les deux camps; je n'allai donc pas chez le duc, quoique le marquis de Satanas m'eût entr'ouvert sa porte par sa lettre d'adieu.

Or un jour, M. de Briançon vint me prier d'être un de ses témoins dans un duel. Il se voulait battre avec le duc d'Obanos. Comme je n'étais pas un ami de l'avant-veille, je refusai; mais Martial insista et me décida en disant que c'était encore à propos de cette jeune fille qui s'était poignardée chez lui.

— Puisque vous avez assisté à ce drame, permettez-moi de ne pas mettre un étranger de plus dans l'affaire.

Je ne connaissais pas le duc d'Obanos, car il n'était que depuis très-peu de temps à Paris. Je trouvai le plus galant homme du monde, qui accepta le duel comme une partie de campagne. Il ne voulut même pas d'explication, disant que, puisqu'il s'agissait d'une femme, il ne fallait pas être indiscret.

Le nom de Mlle d'Armaillac ne fut donc pas prononcé. Au fond, je savais bien la raison du duel. Martial ne pouvait se résigner à voir cette fille qu'il adorait porter un collier de perles du duc d'Obanos.

Le lendemain, à trois heures, le duc et Martial se rencontrèrent dans l'île de Croissy. Les témoins choisirent le terrain, tirèrent au sort les épées et les places, après quoi les deux adversaires, qui s'étaient salués, tombèrent en garde.

Martial attaqua avec fureur. Le duc se contentait de parer, mais dès la première passe, il était facile de voir qu'il ménageait Martial. Il gardait tout son sang-froid et on l'eût cru à la salle d'armes. Cependant, à un méchant sourire qui plissait ses lèvres, il semblait évident que le duc ne ménageait son adversaire — à peu près comme le chat ménage la souris en ne lui faisant pas trop sentir ses griffes — que temporairement. Il attendait l'instant de lui porter un coup mortel en pleine poitrine. Martial, qui avait tiré sans trop de désavantage avec les Féry d'Esclands, les Espeletta et les Potocki, ne comprenait rien à ce jeu. Il semblait que le duc d'Obanos fût un fantôme, tant les coups de Martial portaient dans le vide. Il était exténué et hors de lui; ce que voyant, son adversaire lui proposa un repos de quelques minutes.

A la reprise, le duc d'Obanos se décida à en finir. Je vis passer un éclair dans ses yeux qui m'effraya, parce que je reconnus enfin le marquis de Satanas.

Le diable et le duc d'Obanos ne faisaient qu'un.

Je compris le danger et je criai au duc que ce duel ne pouvait se continuer.

Sur ce mot, le grand d'Espagne fit sauter l'épée des mains de Martial et me dit :

— Vous avez raison. M. de Briançon n'est pas de force à lutter avec moi.

Mais Martial, qui avait ressaisi son épée, se remit en garde en s'écriant :

— Nous allons voir.

Il fut plus impétueux que jamais, partant plus aveugle. L'autre, qui gardait tout son sang-froid, le désarma encore. Martial reprit encore son épée et s'opposa à toute idée de conciliation.

— Eh bien, monsieur, dit le duc d'Obanos, finissons-en. Je vais vous désarmer d'une autre manière.

Et, jetant l'épée en avant, il lui perça la main.

Pendant que le médecin examinait la blessure, le duc d'Obanos s'approcha de moi et me dit, raillant toujours :

— Je ne lui en veux pas de m'avoir fait perdre ma journée.

— Pardieu ! je crois bien. Vous lui prenez sa maîtresse et vous lui percez la main après lui avoir percé le cœur.

. . . .

Une heure après, à la même place, autre duel à l'épée.

C'étaient Robert Amilton et le vicomte de Vielchâtel.

Le vicomte de Vielchâtel fut frappé au cœur.

Voilà pourquoi il n'était pas retourné chez la princesse.

II.

DUEL DE FEMMES.

Martial était encore plus furieux après le duel; lui qu'on appelait l'invulnérable à la salle d'armes, ne comprenait pas comment le duc d'Obanos, qui ne tirait jamais, l'avait si lestement désarmé et frappé à la main. Quand il fut rentré chez lui, il envoya un mot à Mlle Aubépine pour qu'elle vînt le consoler, mais Mlle Aubépine, qui était devenue fort romanesque depuis son aventure des Champs-Élysées, déjeunait ce jour-là au pavillon d'Henri IV.

Martial se rabattit sur une demoiselle à la mode qui jouait les intermèdes chez lui. Elle voulut bien lui donner quelques heures, mais à la condition qu'il la conduirait un soir à Mabille. Martial n'avait pas de préjugés, il allait partout, même chez les ministres. Aussi le lendemain, c'était grande fête de nuit, je le rencontrai au milieu des filles de Babylone, surnommées les mabilloniennes, cachant sa main blessée sur le bras de la dame en question.

Connaissez-vous ce jardin célèbre? Les femmes y viennent en grand équipage, vêtues avec une extrême décence. Pas une seule n'oserait s'y montrer décolletée. Dans ce harem il y a des arbres, des fontaines et des rochers. Et tout cela a l'air plus artificiel, y compris les femmes, que les décors de l'Opéra.

Quand je rencontrai Martial, j'étais moi-même au bras du duc d'Obanos, ce qui surprit quelque peu le comte de Briançon.

Le duc me dit :

— Voyez ce ci-devant conseiller d'État, homme grave s'il en fut, qui apprend à gouverner les hommes en cultivant les femmes. Il a peut-être raison : c'est par le cœur qu'on gouverne l'esprit; or, n'est-ce pas la femme qui tient la clef du cœur? Je me hâte de dire que ce n'est pas dans le harem où nous sommes que le ci-devant conseiller d'État poursuit ses études transcendantes. Il n'est venu là, comme nous, que pour perdre une heure.

En effet, les femmes de ce harem ouvert n'apprendraient pas grand'chose aux philosophes; leur vocabulaire est pittoresque, mais il ne contient que bien peu de mots : « Bonjour, ma gueule, » ou bien « Tu t'en ferais mourir, » ou bien « Embrasse-moi, ma vermine, » ou encore « Effaces-tu un bock? »

Comme nous assistions au défilé de toutes ces jeunes mabilloniennes, qui semblaient tristement partir pour la montagne où l'on pleure sa virginité, un joli tapage se fit sous le grand saule bleuâtre. C'étaient deux jeunes filles bien élevées qui venaient là pour la première fois — comme toutes les autres — et qui se prenaient aux cheveux pour un amant de rencontre. Les jeunes mabilloniennes font un prodigieux commerce de cheveux, aussi n'en ont-elles pas à elles.

Mais je reviens aux deux combattantes. L'une était brune, l'autre était rousse. Sur ces deux antithèses, il y avait tout un jardin de coquelicots, de roses, d'œillets et de marguerites. Tout cela fut bientôt cueilli.

— Ne fais donc pas ta tête !

— Et toi, ne fais donc pas ta figure !

— Et toi, ne fais donc pas de l'œil à Arthur !

— Va donc à la Grenouillère.

— Je ne sais pas lever le pied comme toi.

— Tais-toi ! pied de grue !

— Attends, je vais te montrer si je lève bien la main !

Et pif, et paf ! Voilà les chapeaux en fleurs qui volent sur les curieux. Ce ne fut pas tout ; elles se prirent le chignon.

Parmi les spectateurs, il y avait un citoyen qui avait travaillé à ces deux perruques et qui n'était pas payé ; aussi il s'interposa.

— Prenez garde, mesdames, ces cheveux sont à moi.

Et il rajusta avec beaucoup de zèle les deux chignons sur les deux têtes ; seulement il se trompa : si bien que la brune devint rousse et que la rousse devint brune. L'amoureux fut pris à cette métamorphose ; ce qu'il aimait, c'était les cheveux rouges : jugez des conséquences !

Il en arrivera ce qui pourra ; que les femmes se battent, c'est leur droit, mais ce que je ne leur pardonne pas, c'est d'effrayer les oiseaux du jardin, car ce sont les oiseaux qui sont chez eux et non ces dames. Les rossignols, après tout, peuvent pardonner aux musiciens de l'orchestre s'ils jouent de jolis airs, mais pourquoi compromettre leur nichée en jetant des chignons dans les branches?

On pourrait s'imaginer que les merles, les rossignols, les pinsons ont déserté ce nid de femmes tapageuses, mais il y a des oiseaux pervertis qui se font à tout. Mabille est un vrai jardin d'acclimatation, une volière ouverte d'où ils ne sortent jamais.

Je me suis souvent figuré entendre jaser le rossignol babillard et le merle persifleur :

— Rossignols, rossignolets, rossignolettes, avez-vous vu comme Mlle Jenesaisquoi entraînait sous un berceau le prince Diamant pour lui demander un rayon de lumière?

— Oui, nous avons vu, ami Merle. Et nous avons vu aussi Rosine, l'ancienne maîtresse du prince Diamant, qui le suivait de ses regards jaloux — des poignards espagnols. — Vois-tu comme Mlle Celleci fait voler ses jupons blancs jusqu'au nez des curieux?

— Et comme Mlle Cellelà allume sa bottine au

cigare de cet étranger qui fait de la fumée? Et celle qui valse, ne dirait-on pas qu'elle va décrocher des étoiles avec ses cheveux en révolte?

— Oh! voyez donc là-bas, si ce n'est pas scandaleux! Voilà un homme qui se cache pour embrasser une femme.

— Ami Rossignol, est-ce que tu n'embrasses pas ta Rossignolette?

— Oui, mais je ne me cache pas.

N'est-ce pas que c'est là un beau mot du rossignol?

Je laisse à Toussenel le soin de continuer cette conversation oiseuse.

Et la moralité? La moralité, c'est que Martial de Briançon, qui pensait beaucoup plus à Mlle d'Armaillac et à Aubépine qu'à Mlle Belle de nuit, vit tout à coup apparaître Aubépine avec un vert galant du pavillon Henri IV.

— C'est fini, dit-il, la fortune me trahit.

Aubépine, qui l'avait aperçu, détacha son bras de son diable à quatre et revint droit à son amant.

— Quoi! lui dit-elle, moi qui croyais être tant aimée, je te trouve ici avec une femme!

Martial admira la perversité de cette adorable

ingénue qui s'en allait déjeuner en partie galante avec un monsieur quelconque et qui reprochait à son amant de se promener à Mabille avec une femme.

Mais elle semblait revenir à lui avec une telle abondance de cœur qu'il ne fit pas de façon pour la reprendre.

Belle de nuit voulait se fâcher.

— Madame, lui dit Aubépine en lui montrant son cavalier, prenez celui-là, il fera bien mieux votre affaire, car il m'a offert vingt-cinq louis pour souper avec lui.

Belle de nuit y alla gaiement. C'était comme la bonne de l'actrice — chanson de Thérésa — qui s'entendait toujours avec le pompier de faction.

— Et pour déjeuner avec toi? demanda Martial à Aubépine.

— Oh! c'étaient les fiançailles, il ne m'a rien donné.

— Et toi?

— Je ne lui ai rien donné, nous sommes quittes. J'ai voulu voir si je pourrais en aimer un autre, mais je sens bien que je n'aime que toi.

— Aujourd'hui, mais demain?

— Demain, je ne sais pas.

LIVRE XVI

MADEMOISELLE RAYONNANTE

I.

OU IL EST QUESTION DU PARADIS PERDU.

Quand Dieu créa la femme, me dit le diable, il mit dans le cabinet de verdure, qui devait être son cabinet de toilette, des feuilles de vigne et de figuier pour le jour où elle aurait la coquetterie d'habiller sa nudité.

Les robes, en ce temps-là, ne ruinaient pas les maris. Les femmes n'en étaient pas moins belles quand elles traînaient leurs pieds nus dans la rosée, avec leurs cheveux pour toute ombrelle. Mais il vint un temps où l'on décida que le rôle de la femme était de filer de la laine; ce fut alors que la femme se parfila des robes. Bientôt elle eut des esclaves pour faire tourner le rouet.

Les poëtes commencèrent à s'indigner. Mais ce fut bien pis quand les femmes passèrent de la laine à la soie, quand elles brodèrent des chiffres et des fleurs en or. On put déjà comparer le prix de la feuille de vigne au prix des robes somptueuses des reines et des courtisanes.

Il y a des femmes qui ne sont que des robes.

Mais au moins, dans l'antiquité comme au moyen âge, une robe durait longtemps. Les historiens rapportent que les robes de galas reparaissaient à toutes les grandes fêtes, on portait la robe de sa mère et de son aïeule.

Aujourd'hui, nos reines et nos courtisanes ne portent leurs robes qu'une fois; elles se croiraient déshonorées si elles ne changeaient pas tous les jours d'habit comme la nature change de manteau.

Or, la feuille de vigne de Worth ne coûte jamais moins de mille francs.

Et M. Dupin ne soulève pas la pierre tombale pour crier encore contre le luxe effréné des femmes : le luxe du déshabillé! Aurélien Scholl a dit avec toute sa raison spirituelle : « Jamais les femmes ne se sont autant inquiétées des étoffes que depuis qu'elles ne s'habil-

lent plus, car elles se couvrent de transparences. »
Ces transparences coûtent très-cher ; mais quand
les femmes se cachent sous la soie, ce n'est pas
bon marché. Les Chinois ont raison d'appeler le
mûrier *l'arbre d'or*. Mais est-ce bien *l'arbre doué
de la bénédiction de Dieu?* Combien de malédictions conjugales !

O le luxe! effroi et sauvegarde des nations !
Luxus, luxuriari, luxe, luxure, luxuriant. C'est
le même mot, c'est la même fête des yeux, c'est la
même surexcitation et le même énervement.
Adorable et fatale superfluité, terrible et voluptueuse luxuriance ! Jésus-Christ s'est habillé de
sa croix pour consoler ceux qui portent le manteau de saint Martin et pour prêcher ceux qui
s'enroulent dans les étoffes somptueuses : « Malheur à vous, riches ! Vous ne trouverez que le
néant sur la terre. » Et saint Paul a dit aux Romaines : « Vous toutes qui avez deux robes,
n'oubliez pas celles qui vont toutes nues. » Que
dirait saint Paul aujourd'hui aux Parisiennes
qui ont quatre robes ?

Et pourtant, qui oserait plaider tout haut
contre le luxe? L'Égypte, la Perse, la Grèce,
l'Italie ne deviennent de grandes nations que

dans les enivrements du luxe. On peut répondre aux Spartiates par les Athéniens. Cyrus a vaincu les fastueux Assyriens ; mais César le fastueux n'a-t-il pas vaincu les barbares? Les Sybarites ne furent pas des conquérants, mais le Sybarite qui s'appelait le maréchal de Saxe passait comme la foudre à travers l'ennemi.

Ne croyez pas qu'il ne faille accuser que les femmes ; les hommes ont aussi la fureur du luxe visible.

Autrefois, c'était le bon temps ; les hommes n'avaient d'autres soucis que de se décorer la boutonnière de fleurs naturelles : c'était le sourire de la nature. Aujourd'hui, il leur faut des rubans de toutes les couleurs. Ils ne dédaigneraient même pas la faveur rose. Il n'y a pas de principauté en miniature, comme Monaco ; il n'y a pas de république invraisemblable, comme celle du Honduras, qui ne fasse porter ses couleurs à toute la légion des vaniteux, au point que n'être pas décoré c'est une distinction.

Ce n'est pas tout. Ceux qui ne peuvent pas porter les couleurs du Honduras ou de Monaco, ceux qui n'ont ni la médaille de Sainte-Hélène, ni la médaille militaire, ni la médaille de sauvetage, portent bravement les couleurs des officiers d'académie que débite le ministre de l'instruction publique.

Vous n'êtes pas au bout de la fièvre décorative. Voyez le retour des courses : ceux-ci sont décorés du Jockey-Club — c'est un ordre comme un autre. — Mais ne trouvez-vous pas admirable que ceux-là se décorent de la carte violette afin de prouver à tout Paris qu'ils ont eu vingt francs dans leur poche pour aller voir peser les chevaux ?

Pourquoi ces messieurs ne se mettent-ils pas tout de suite un louis d'or à la boutonnière ?

II.

DU LUXE EFFRÉNÉ DES FEMMES.

IL faut bien avouer qu'une robe coupée par une main de fée est le miracle de l'art, quand elle habille une belle femme qui sait habiller sa robe. Il y a là des effets de dessin et de coloris qui enchantent les yeux, quand la robe s'en va des épaules et des seins comme un reflux nonchalant que baise le soleil. Le corsage accuse les beautés du nu, tout en caressant la ceinture par une étreinte amoureuse. La jupe côtoie avec volupté le flanc et la hanche pour s'abattre sur les cuisses et tomber mollement en larges plis sur le satin d'un pied mignon. Et la traîne? C'est le serpent lui-même qui s'est attaché à la feuille de vigne, après le péché. Voyez ses enroulements et ses miroitements sur la soie, sous la dentelle et sous les roses. Comme c'est bien la robe du paradis perdu!

Mais si la femme se présente avec une pareille robe à la porte du paradis retrouvé, saint Pierre ne court-il pas le risque de marcher dessus? En attendant, les femmes vont partout avec leur traine. Elles dansent et elles valsent, sans s'inquiéter pour ces fragiles monuments de la grâce féminine. Elles savent bien que les hommes d'aujourd'hui ont appris à ne pas marcher sur la queue de la robe, à part ceux qui ne font jamais leur chemin.

Une grande dame allait partir pour le bal; un de ses enfants, qui n'était pas encore couché, vient lui dire adieu pour la voir dans sa belle robe : « Oh! maman, comme tu es belle quand tu es déshabillée! — Comment, quand je suis déshabillée? » Il ne manquait plus à la comtesse que ses gants et son éventail. « C'est que, vois-tu, maman, tu as tant de robe en bas et si peu en haut! »

On avait pu espérer un moment que les désastres légendaires de la guerre et de la Commune seraient pour Paris une leçon terrible qui métamorphoserait les mœurs publiques : on croyait déjà que toutes les femmes allaient acheter un rouet pour filer de l'étoupe. On espérait ne plus voir dans les salons que des mères de famille en robes d'indienne faites par la couturière du coin, ne portant de cheveux que leurs cheveux, abandonnant les hauts talons pour plus d'humilité, ne discutant plus les décrets de la mode, relevant encore la dignité de la femme par les bonnes œuvres de tous les jours, remontant à la vertu primitive, comme la source qui rebrousse chemin à force d'écluses. Les écluses, c'étaient les catastrophes que Dieu avait jetées devant le torrent des mauvaises passions.

Il n'en a été rien. Certes, il faut rendre justice aux femmes de Paris, aux grandes dames comme aux plébéiennes. Elles ont été héroïques pendant le siège, héroïques dans la charité, héroïques dans la souffrance. Elles ont relevé le courage des hommes à l'heure du combat et à l'heure de la mort : c'est à elles que l'histoire décernera la palme.

Mais ce n'était qu'une trêve à leurs passions.

Après six mois de sacrifices, elles ont repris de plus belle leurs bonnes habitudes.

On s'imaginait qu'il y avait un abîme entre 1870 et 1871. Elles ont franchi l'abîme d'un pas léger, en versant une larme. Mais à peine de l'autre côté, en ouvrant leur sac de nuit, elles ont retrouvé « le luxe effréné des femmes. » Et les voilà plus que jamais dans les emportements et les folies, se ruinant avec une grâce insouciante, retournant à l'abîme avec un adorable abandon.

En aucun temps les femmes n'ont eu autant de robes pour les habiller, autant de voitures pour les promener, autant de fêtes pour les amuser. Autrefois on dansait sur un volcan, maintenant on danse sur des ruines. Les gaies Napolitaines n'ont pas dansé au milieu des ruines de Pompéi et d'Herculanum; les Françaises, moins gaies peut-être, mais plus oublieuses, dansent après la guerre et après la Commune, comme si de rien n'était.

Que dirait Juvénal? Il y perdrait son rude latin. Et s'il parlait en français, toutes ces jolies bouches lui riraient au nez : « D'où vient-il, celui-là, qui n'aime ni les femmes, ni les violons? Il ne chante que des chansons connues ; qu'il aille prêcher dans le désert. »

Aussi, aujourd'hui, qu'on soit Juvénal en vers, ou Suétone en prose, on n'est pas écouté. Le journal de modes est le vrai journal de la politique. Paris laisse à Versailles le droit de faire des discours, mais il se réserve le droit de s'amuser.

Autrefois, le carnaval durait trois jours, le dimanche gras, le lundi gras, le mardi gras. On riait encore un peu à la mi-carême; mais aujourd'hui le carnaval dure trois mois. Et comme il abuse du mot pour se jeter dans tous les imprévus, dans tous les imbroglios, dans toutes les fantaisies ! Il n'y avait qu'un bal de l'Opéra; il y en a deux maintenant. Il n'y avait que Valentino, il y a Frascati ; il n'y avait que la Closerie des Lilas, il y a le Vaux-Hall. Mais, pendant ces trois mois de carnaval, Paris sourit, rit et grimace en mille endroits, depuis la jolie salle de la *Puce qui renifle,* jusqu'à la jolie salle de la *Poupée qui fume.* Ce sont des délices incomparables. Il y a bien aussi le bal des croque-morts, mais passons vite.

Le peuple a ses rendez-vous comme les gens

du monde. Il faut le voir le samedi, jeter l'argent du travail de toute la semaine dans les folies carnavalesques. Le dimanche il continuera à s'amuser et le lundi il boira, pour oublier qu'il n'a plus le sou. Pourquoi ne ferait-il pas comme les grands de ce monde? Ne croyez pas que les gens du peuple dédaignent « le luxe effréné. » Cette fièvre est descendue jusqu'à eux. Tous les hivers on voit passer au bal de l'Étoile les corporations de Paris, qui arrivent en voiture, gants blancs, habits noirs, robes décolletées et traînantes, chevelures d'emprunt, toutes les herbes de la Saint-Jean sur la tête — *que c'est comme un bouquet de fleurs.* — Je sais bien qu'au bal des gens de maison, ce sont nos habits qui servent, comme les robes de nos femmes; mais, à cela près, nos gens n'en jettent pas moins notre argent par les fenêtres.

Ce sont des jeux innocents ceux-là, mais quels jeux terribles jouent les femmes du monde quand elles s'en vont au musée Worth se choisir de quoi ébouriffer leurs amoureux et désespérer leurs rivales. Aussi, la *bourse* des robes monte, monte, monte toujours.

J'ai vu le temps où les robes coûtaient cent

francs. Je me suis effrayé le jour où j'ai vu *ces valeurs-là* à cinq cents francs. A mille francs, j'en ai pris mon parti, car on prend parti de tout. A deux mille francs, je me suis inquiété pour la France. Les femmes étaient si jolies que je pardonnais comme les autres. Mais à cinq mille francs je n'en suis plus et je m'en lave les mains [*].

Les fabricants de soie diront que je rêve, car enfin vingt-cinq mètres de soie à vingt francs ne font que cinq cents francs. Oui, mais la coutu-

---

[*] Comprenez-vous la joie du mari — ou de l'amant — quand il ouvre un matin une jolie enveloppe de papier Wathmann, qui a l'air de renfermer une bonne nouvelle.

Il lit, il relit, il prend son lorgnon et jette son chapeau par la fenêtre en sacrifice aux dieux — pour ne pas s'y jeter lui-même.

Voyez plutôt, c'est une facture de M. Worth.

N° 301,781.   7, *rue de la Paix*, 7.

Vorth

Robes et Confections, Soieries et Nouveautés.

Doit Madame la duchesse de Jenesaisquoi :

Une robe montante 3,941 50

3,941 fr 50 c. ! « C'est pour rien, dit le mari — ou l'amant, car ce jour-là ils ont la même opinion. — Mais, si ce n'était pas une robe montante ! »

rière sait bien que je ne rêve pas; elle se compare modestement à ce grand peintre qui, avec cinquante sous de couleur, fait un tableau de cinquante mille francs. L'étoffe n'est rien, dit la couturière, c'est l'art de l'ajuster, c'est la science des agréments, c'est le miracle des nœuds et des dentelles.

Et puis, on compte vingt-cinq mètres, c'est qu'on ne sait pas compter. Mon Dieu, un demi-mètre suffit pour le corsage et les bras; on pourrait même ne pas en compter du tout, puisque la robe ne commence qu'à la ceinture. Mais une robe n'habille bien que si elle vous suit pendant un quart d'heure. On a crié à l'exagération quand la belle Drouard occupait toute la scène dans *Mlle de Trente-six Vertus,* avec sa traîne incomparable; elle ne faisait que devancer la mode d'un jour.

De même, au bal costumé d'Émile de Girardin, Mme la comtesse de La V —, déguisée en *haute gommeuse,* donnait à toutes les femmes l'idée de s'habiller ainsi, tant sa robe était une merveille de pompe et d'emphase. Devant une telle robe, Louis XIV se fût écrié : « Celle qui la porte sera princesse. »

Ce n'est pas seulement pour la traine, qu'il faut beaucoup d'étoffe, c'est pour les « retouches. » Une robe ne se fait pas toute seule, la meilleure coupeuse a beau dessiner comme Raphaël, elle marque, comme on dit en style d'atelier, « ses repentirs. » Il lui faut tailler en plein drap. N'a-t-elle pas le droit, dans son génie, de sacrifier ce qui ne vient pas bien ?

A l'inauguration de l'Opéra, la marquise aux métamorphoses — surnommée le Sphinx, parce qu'elle a deviné toutes les énigmes, même celle de son cœur — avait une robe miraculeuse, faite d'une étoffe ancienne qu'elle avait trouvée à Venise. C'était digne d'une Dogaresse. Et comme on s'extasiait : « C'est pour rien, disait-elle ; figurez-vous que je n'ai payé cette étoffe que cinquante francs le mètre. »

En effet, au prix où sont les robes, on pouvait calculer que celle-ci ne coûtait que douze cent cinquante francs, à raison de vingt-cinq mètres pour la robe. Mais la marquise ajouta : « J'espérais en donner une pareille à une de mes amies, mais Worth m'a employé mes cent mètres. » Et, comme on se récriait : — Que voulez-vous, à la première et à la seconde coupe, il n'était pas en inspiration ; mais à la troisième il avait retrouvé tout son génie. — Après tout, dit un homme de chiffres, d'un air railleur, la robe ne coûte que cinq mille francs. — Oui, dit la marquise, mais vous oubliez la façon. — Chut! dit l'admirateur, je ne veux pas en entendre davantage. — Ce n'est pas tout, ajouta-t-elle, j'ai dépensé cinquante mille francs dans mon voyage à Venise; heureuse d'avoir trouvé cette étoffe à si bon marché j'étais devenue plus prodigue que jamais. — Voyons, reprit l'homme de chiffres, dites tout de suite que la robe vous coûte aussi cher que l'Opéra. »

Et plus les robes sont belles, moins on les met. Une femme se croirait déshonorée si on disait qu'on l'a vue deux fois avec la même robe. Le lendemain d'un bal, on renvoie la robe chez la couturière en lui disant de la métamorphoser. La métamorphose coûte plus cher que l'étoffe. Ces jours-ci, une femme à la mode — à cette mode — m'invita à dîner. — Oui, lui dis-je, à une condition, c'est que la couturière ne viendra pas ce jour-là. — Vous vous figurez, me dit-elle en souriant, que plus je suis bien habillée, plus on dîne mal chez moi, comme chez la plupart des femmes. Rassurez-vous, ma table est aussi bien habillée que moi-même.

Le dîner fut charmant. Elle avait invité une de ses amies en lui disant de venir en robe de mercredi des cendres. L'amie avait été aussi sage qu'elle-même : elles avaient fait faire, il est vrai, deux robes pour la cérémonie; mais elles n'avaient dépensé chacune que deux mille francs. « Moins que rien, » disaient-elles, en montrant leurs robes de carême.

Sur toutes ces folies, il faudra mettre le mot de Louis XV et de Mme Dubarry : « *Après nous, la fin du monde.* » Si nous étions sous la royauté, les grands journaux, « organes de l'opinion publique, » ne manqueraient pas de crier aux dépravations de la cour. Mais nous sommes sous la République; il paraît qu'il faut bien habiller les principes austères.

Au moyen âge, on avait frappé le luxe par cette ordonnance royale : à savoir que les draps d'or, que les étoffes parfilées, que les soieries à ramages ne seraient plus portées que par les courtisanes : « Défense à toute noble femme
« de porter autre chose que la toile et la laine. »

Mais un mois après l'ordonnance le roy s'écria : « Il paraît qu'il n'y a que des catins dans mon royaume. »

Que dirait le roy aujourd'hui à nos femmes du monde qui aimeraient mieux s'habiller comme les courtisanes que de s'ensevelir dans la laine et la toile?

Si j'étais roi, ce qu'à Dieu ne plaise, je condamnerais les femmes à la mode à s'habiller, un soir de réception à la cour, avec toutes les factures à payer de Worth et des autres virtuoses du ciseau et de l'aiguille.

Vous direz sans doute que je prêche. C'est que j'ai vu cet hiver le vieux monde et le nouveau monde, Paris et New-York, se disputer la royauté de la mode par les robes les plus fulgurantes. C'était de la féerie, d'autant plus que toutes les femmes étaient belles.

Mais grâce à Dieu voici le premier sourire d'avril ; c'est la dernière heure du carnaval. Saluons Pâques fleuries ! C'est l'heure où la nature, la grande coquette, va essayer ses robes de printemps.

III.

MADEMOISELLE RAYONNANTE.

Combien de romans dans toutes ces robes ! A l'Élysée, une amie de la princesse au grain de beauté, une jeune fille sans dot — à peine cent cinquante mille francs — arrive avec une figure à la Greuze, sous une forêt de cheveux blonds. On l'a surnommée Mlle Rayonnante. Ce n'est pas seulement la beauté qui rayonne, c'est l'esprit. — Un jeune homme qui s'ennuyait — il a trois cent mille livres de rente — invite la jeune fille à danser. Le coup de foudre de l'amour avait frappé son cœur.

— Mademoiselle, lui dit-il, aimez-vous la danse?

— Beaucoup, monsieur.

— Et la valse, mademoiselle?

— Passionnément, monsieur.

— Voulez-vous me faire un sacrifice?

La jeune fille regarde le jeune homme.

— Pourquoi pas?

— Eh bien, mademoiselle, ne dansez pas et ne valsez pas ce soir. Et pour ce sacrifice je vous offre mon nom et ma fortune.

— C'est peut-être beaucoup, dit la jeune fille, plus entraînée encore par ses pieds que par son cœur; mais avez-vous vu ma robe et entendez-vous les violons?

— Mademoiselle, je me nomme le comte de *** et j'ai cinq millions.

Sans doute la jeune fille réfléchit que pour cinq millions on pourrait se payer bien des violons.

— Monsieur, reprit-elle, coupons la paille en deux; je ne danserai et je ne valserai qu'avec vous.

— Non, mademoiselle, je veux le sacrifice tout entier. Vous êtes la plus belle personne du bal; tout le monde a les yeux sur vous; nous allons monter dans les petits appartements pour causer comme mari et femme.

— Déjà, dit la jeune fille en faisant la moue et en regardant sa robe.

Cependant elle avait quitté sa place au quadrille ; elle appuya sa main sur le bras du jeune homme et se laissa entraîner vers l'escalier.

— C'est du despotisme, monsieur.

— Oui, mademoiselle, je veux être le maître la veille, sinon le lendemain.

Mlle Rayonnante monta l'escalier en se disant à elle-même :

— Trois cent mille livres de rente ! un hôtel, un château, une écurie de courses, un équipage de chasse, voyager en princesse, avoir des fantaisies de reine !

On montait lentement, parce que l'escalier de l'Élysée, comme dans les fêtes vénitiennes, était envahi par tout un flot de curieux et de curieuses.

Le quadrille était fini. Voilà que tout à coup la jeune fille entend le prélude de la *Sérénade* d'Olivier Métra, une valse espagnole et française, toute pleine de passion et de sentiment. Cette fois elle n'y tient plus ; elle pense à l'effet de sa robe quand elle valse ; elle retire sa main du bras qui l'entraîne ; elle glisse comme une couleuvre à travers les vagues humaines; elle arrive tout éperdue dans le grand salon de l'orchestre. Elle ne sait plus ce qu'elle fait, tant la *Sérénade* l'a ensorcelée. Un valseur qui ne la connaît pas la happe au passage et l'emporte dans le tourbillon. C'est du vertige.

Cependant, que fait l'homme aux trois cent mille livres de rente? Il est désespéré; il a eu sous la main le bonheur, et le bonheur s'évanouit comme un rêve, et cela parce que Walteuffel a eu la malencontreuse idée de jouer cette valse endiablée.

L'amoureux a beau vouloir se raisonner, il a beau s'indigner de sa lâcheté, il a beau jurer de ne plus regarder cette femme, il n'a pas la force de monter l'escalier. Il le descend quatre à quatre; rien ne l'arrête; il suit la jeune fille, il arrive presque aussitôt qu'elle devant l'orchestre.

Hélas! elle est déjà partie pour la valse; elle est déjà à mille lieues de lui. Le premier venu la tient dans ses bras, respire les senteurs pénétrantes de cette adorable chevelure, s'enivre du regard perdu de ces beaux yeux humides, couleur du ciel.

L'amoureux s'approche à la fin de la valse :

— Quoi, vous me trahissez déjà en vous trahissant vous-même?

— J'aime mieux ma robe qu'un mari. Vouliez-vous donc que ma robe ne s'amusât pas cette nuit?

— Et cette promesse de mariage?

— Combien mettrez-vous de robes dans la corbeille?

Cette fois l'amoureux tourna le dos : il cherchait une femme, il ne trouvait qu'une robe.

Et voilà comme cette adorable blonde a passé à côté de cinq millions, représentés par un galant homme.

Oh la fureur des robes!

En rentrant chez sa mère, à quatre heures du matin, Mlle Rayonnante a défait sa robe, l'a embrassée et l'a couchée avec elle.

LIVRE XVII.

LES LETTRES PERDUES

DIANA.

LES LETTRES PERDUES.

E diable s'approcha d'une petite chiffonnière, la sœur de cette jolie Mathilde découverte par Robert Amilton.

— Prenez garde, lui dit-il, vous avez au bout de votre crochet trois lettres d'amour que je vais vous payer trois francs.

La chiffonnière leva son crochet et présenta avec une grâce parfaite les trois lettres, tout en tendant l'autre main pour recevoir les trois francs. Nous entrâmes à la Maison-d'Or et nous lûmes la première lettre :

« C'est fini : c'est bien fini : j'ai eu toutes les
« lâchetés du cœur, je vous ai laissé voir com-
« bien je vous aimais, combien je souffrais de

« vos caprices aussi subtils qu'incompréhen-
« sibles. Je vous ai laissé lire à livre ouvert dans
« mon âme, je vous ai fait le maitre de mes
« pensées, de mes actions, de mes désirs ; avouez-
« le, ce sont mes seuls torts à vos yeux. Car
« c'est bien ennuyeux une femme qui vous
« aime à en mourir, qui vous le dit, avec toute
« la ferveur de sa passion, qui vous l'écrit en
« prose ridicule, une femme qui ne peut se
« passer de vous voir un seul jour.

« Pourquoi vous ai-je rencontré sur mon che-
« min? Pourquoi vous placiez-vous obstinément
« devant mes yeux? J'essayais de fuir l'attrac-
« tion naissante, cet amour me faisait peur,
« et je voulais y résister; à ce moment-là, si
« vous n'eussiez fait un pas en avant, j'avais
« encore la force de m'éloigner de vous pour ja-
« mais; mais ce pas vous l'avez fait, et moi
« dans un élan irrésistible je me suis jetée dans
« vos bras! *

« A défaut de votre cœur, votre mémoire ne
« peut l'avoir oubliée cette soirée, où vous écou-
« tiez, la tête plongée dans vos mains, la ro-
« mance sans paroles de Mendelsohn, que je

* Pas un seul mot n'a été changé dans ces trois lettres.

« vous jouais, pour ainsi dire avec mon âme :
« Vous êtes une grande artiste, me disiez-vous,
« les yeux voilés de larmes, de vraies larmes
« pourtant, et je sens encore l'ardente pres-
« sion de vos lèvres sur ma main que vous
« aviez saisie, lorsque le dernier accord vibrait.
« Bien des fois on a vanté mon talent de pia-
« niste, et j'ai toujours préféré ce titre d'artiste,
« à tous ceux auxquels me donnent droit et mon
« rang et ma naissance; mais jamais il ne m'a
« fait autant de plaisir que décerné par vous!
« Je croyais que mon cœur avait trouvé à tout
« jamais le chemin du vôtre, que ma beauté
« et mon imagination avaient subjugué votre
« âme; je croyais avoir trouvé en vous l'écho
« de mes rêveries, de mes contemplations, de
« mes profonds et ardents désirs de volupté !
« Pourquoi saviez-vous si bien mentir et expri-
« mer ce que vous n'éprouviez pas? Vous me
« *vouliez* et voilà tout ; vous n'avez même pas
« eu la générosité de me laisser mon illusion ;
« vous me l'avez arrachée froidement, cruelle-
« ment, vous riant presque de ma douleur et de
« mon désespoir.

« Pour vous l'amour est seulement l'étreinte

« de deux corps ; pour moi, c'est le baiser de
« deux âmes ; moi, je comprends, les grands dé-
« vouements, les muets sacrifices et les pas-
« sions profondes ; vous, vous allez fauchant
« toutes les fleurs, et plus la moisson est abon-
« dante, plus votre orgueil est satisfait ; votre
« cœur ne chante plus l'amoureuse chanson
« des vingt ans ; et l'a-t-il jamais chantée, rieur
« et sceptique Parisien ?

« Ai-je assez souffert durant cette longue
« soirée où je vous ai attendu en comptant les
« battements de mon cœur ! Rien n'est venu trou-
« bler ma douloureuse solitude, pas même un
« mot de vous, pour me parler. J'aurais été
« moins malheureuse ; mais non, vous n'y
« pensiez même pas ! Où étiez-vous alors ? De-
« puis je l'ai su : vous soupiez en joyeuse com-
« pagnie et vous répétiez à je ne sais quelle
« femme à la mode les douceurs que vous me
« disiez à moi-même huit jours auparavant.
« C'étaient les mêmes expressions, les mêmes
« étreintes et les mêmes regards ! On m'a tout
« dit, et je n'y voulais pas croire ; votre lettre
« du lendemain vint me porter un nouveau
« coup : « Oubliez-moi, m'écriviez-vous, je

« souffre moi-même plus que je ne puis le
« dire, mais j'aime mieux me briser le cœur
« que de vous laisser plus longtemps des illu-
« sions dont le réveil ne se ferait encore que
« plus douloureux : je n'ai plus droit à votre
« amour, mais je réclame votre amitié et je vous
« offre la mienne; adieu, je n'ai pas le courage
« de vous revoir ! »

« Je lisais sans bien comprendre le sens de
« ces lignes étudiées, et je ne sentais qu'une
« chose, mon cœur qui semblait prêt à briser
« ma poitrine. C'était bien clair pourtant :
« vous étiez las, vous aviez trouvé un moyen
« honnête ou à peu près de rompre sans éclat.
« Et moi, croyant encore en vous, après avoir
« lu et relu cette fatale lettre, je pleurais sur
« nous deux, je souffrais pour vous et pour moi,
« et je vous écrivais : « Eh bien soit, je sais
« tout et je ne te reprocherai rien, mais soyons
« heureux encore quelques jours; viens, mes
« bras te sont encore ouverts. Et à toi seul à
« jamais. Lorsque l'heure de la séparation son-
« nera, je serai forte, courageuse et pour toi et
« pour moi, je ne t'aimerai plus que de loin, je
« te garderai mon âme, et je ne serai plus dé-

« sormais pour toi que ce que tu désireras toi-
« même ! »

« Ah ! ce cri de mon amour et de mon déses-
« poir vous a-t-il jamais ému un seul instant ?
« J'en doute hélas aujourd'hui ! Pourtant vous
« êtes revenu quelques jours, curieux sans
« doute d'étudier de plus près ce pauvre cœur
« de femme. Puis de nouveaux caprices se sont
« succédé sans relâche ; vous m'avez torturée,
« humiliée et brisée. Je ne puis l'oublier et ne
« l'oublierai jamais ; je ne vous avais donné que
« du bonheur, vous ne m'avez causé que du
« mal ; je vous avais livré ma jeunesse, ma
« beauté, mon amour, tous les trésors de mon
« cœur et de mon imagination ; en retour, vous
« m'avez légué la tristesse, l'isolement, les dé-
« sespoirs et les douleurs sans nom.

« Pourtant je vous pardonne ; je ne puis pas
« flétrir ni maudire ce que j'ai tant aimé. *Je sais*
« *tout* maintenant, je sais que vous avez eu peur
« de rencontrer un amour ardent et passionné,
« là où vous aviez pensé seulement trouver un
« caprice ! Adieu, vous ne me reverrez plus, je
« suis désormais morte pour vous ; puissiez-
« vous ne jamais sentir votre cœur se réveiller

« et fondre son enveloppe de glace ! car alors,
« sans doute, vous souffririez ce que vous m'a-
« vez fait souffrir.

« Adieu ! Par vous ma jeunesse est morte. Je
« voudrais mourir moi-même pour vous oublier,
« mais le poëte a dit :

Si l'oubli c'est la mort, la mort n'est pas l'oubli !

« HEDWIGE. »

— Eh bien, me dit le marquis de Satanas, que pensez-vous de cette femme si désespérée ?

— Pardieu ! je pense qu'elle s'est consolée.

— Vous faites du scepticisme.

— Non, quand je vois une femme si amoureuse et si désolée, c'est qu'elle en est encore à sa première chute, elle prend un second amant pour se venger du premier.

— Vous avez tombé juste, mais la désolation a été plus grande que vous ne pensez : la malheureuse a failli en mourir pour tout de bon ; la première fois qu'une femme est trahie, elle s'imagine que c'est la fin du monde, on lui coupe le cœur en deux, elle donnerait sa part de paradis pour un dernier baiser.

— Est-ce que vous connaissez bien cette femme ?

— Oui, je l'ai embrassée sous prétexte que j'ai tiré les rois avec elle. C'est une bonne créature qui ne se vengera jamais que contre elle-même. Elle s'appelle Mme Julie ***. Elle a été fort bien élevée, mais elle emportait à la messe un roman dans son livre d'heures ; son idéal est d'être aimée, encore aimée, toujours aimée.

— Voilà un idéal qui la conduira loin.

— Oui, nous la rencontrerons dans le monde ; elle est très-bonne musicienne, elle chante comme la Nilson, avec moins de méthode et avec plus d'âme. Nous lui parlerons de cette lettre qui brûle encore.

— Qui donc aura jeté cette lettre au coin d'une rue pour la hotte de la chiffonnière, il me semble qu'elle valait bien la peine qu'on la brûlât quoique je la trouve trop longue de cinq pages.

— C'est inexplicable, ceci prouve une fois de plus aux jeunes femmes, que si elles veulent que leurs lettres soient brûlées, il faut qu'elles les brûlent elles-mêmes.

Le diable venait de dire la chose la plus judicieuse du monde.

Nous passâmes à la seconde lettre :

« Vous me dites, monsieur, que je prends
« une plume comme d'autres mettent un masque,
« que mon amour n'est qu'un carnaval et qu'il
« est temps de faire le mercredi des cendres
« sur mes lettres, faites, monsieur, soyez l'esprit
« fort de l'amour, jouez au scepticisme du cœur,
« piétinez sur le passé.

« Quelques injures et beaucoup d'esprit, la
« belle façon de se venger d'une femme ! Soit !
« qu'on les brûle ces tristes lettres, ces illu-
« sions, ces lambeaux d'un songe, qu'on les
« brûle pour voir brûler, sans s'inquiéter si l'on
« ne souffrira pas de la brûlure. Et d'ailleurs,
« qu'importe encore la souffrance de la pauvre
« folle, qui vous devient étrangère en douze
« heures !

« O les rêves, les charmants rêves envolés,
« qui me les rendra ? qui me rendra encore la
« force d'aimer ? Mon cœur est atteint de lan-
« gueur, la souffrance elle-même y est pares-
« seuse. Il me faut tenir la tête dans mes deux

« mains pour sentir que je suis perdue et que
« me voilà seule, seule, seule à me comprendre,
« à me pleurer ! Car ce n'est pas seulement les
« joies et les rêves que j'ai perdus ; c'est moi-
« même.

« C'est mon âme — une flamme qui venait de
« luire et qui brillait au milieu de tant de choses
« mortes et effacées. — Pauvre flamme! deux
« larmes en dedans ont coulé qui t'ont éteinte.

« Tout est fini, — comme après un spectacle
« le rideau se baisse, le bandeau qui couvrait
« mes yeux est tombé. Il n'aimait pas, puisque
« si peu d'heures lui ont suffi pour n'aimer plus!

« Ne saignez plus, mon cœur, — ne pleurez
« plus, mes yeux, — ce n'est pas la douleur qui
« me tue, c'est la peur, la peur de me trouver
« isolée dans cette solitude qu'on appelle le
« monde !

« Il y avait en toi, ô mon âme, les accents de
« passion et de poésie.

« Et c'est son âme fatiguée qui te fuit, mon
« âme, toi toute vierge encore quand j'ai rouvert
« mes bras !

« Que de cœurs s'y laisseraient prendre à ce
« jeu si connu ! quelle belle chance laissée à

« l'amour-propre, qui se révolte quand il ne
« tue pas! Ah! il se console, dit sa vanité bles-
« sée. Eh bien! il faut qu'il ne le puisse pas; je
« veux qu'il souffre, moi, et que ce soit par moi.
« Non, non! rien de moins qu'on ne peut,
« rien de plus, tant pis pour lui. Il souffrira
« mort et passion.

« Je serai femme jusqu'au bout; qu'il dise,
« qu'il pense que je suis une femme ordinaire,
« vous savez bien qu'il ment — mon cœur —
« quand vous sautez dans ma poitrine seulement
« au bruit de ses pas.

« Qu'il m'oublie, soit! après vous, mes chères
« lettres que je cachais si près de mon cœur —
« pour le lui donner — après vous il me sacri-
« fiera. Il fait de nous des cendres; mais si ja-
« mais ces cendres retombent sur son cœur,
« elles le brûleront.

« DIANA. »

Je relus deux fois cette lettre.

— Je ne comprends pas bien, dis-je au diable.

— Ceci ne m'étonne pas, car la femme qui a écrit cette lettre est une des créatures les plus compliquées qui soit au monde. C'est une dévoreuse de cœurs, c'est une insatiable de sentiments, c'est une chercheuse qui ne trouve jamais. Elle est connue au théâtre. Elle en remontrerait à Mme de Sévigné pour écrire des lettres. Elle a bien plus d'amoureux qu'elle n'a d'amants, parce qu'elle s'arrête en chemin, en disant que ce n'est pas la peine d'aller plus loin. On l'aime jusqu'aux larmes quoiqu'elle soit toujours gaie; c'est que nulle femme à Paris ne sait mieux agiter les flammes, elle donne la fièvre de l'attente et la fièvre de la jalousie, elle a des éclats de rire qui sont des coups de poignard, elle n'aime que les orages et les tempêtes. Celui qui s'endort dans ses bras, en croyant se réveiller le lendemain dans les joies de la passion, est bien étonné quand il s'aperçoit qu'il est plus loin d'elle que jamais. Je m'appelle le diable, n'est-ce pas? eh bien, cette femme est plus diabolique que moi : elle a des cruautés inouïes et des malices incroyables, mais elle cache tout cela sous le sourire le plus charmeur du monde. Elle n'est pas cruelle d'ailleurs de parti pris; c'est dans sa nature; elle aime tant à blesser qu'elle se frappe elle-même avec volupté.

— Oui, oui, dis-je au marquis de Satanas, je la connais : elle a eu son duel avec tous mes amis : pas un seul qui n'ait été touché ; il faudra que nous lui demandions sa confession.

— Mais pourquoi cette lettre est-elle tombée au panier de rébus?

— Oh! ce n'est pas la faute de l'amoureux : il la gardait dans ses plus chers autographes, mais elle lui a été volée par une jalouse qui écrivait mal et qui l'a jetée par la fenêtre. Voici tout justement une lettre de cette jalouse.

Je lisais déjà la troisième lettre. Ce billet doux avait erré sur le ruisseau tout en gardant un parfum d'opoponax.

« Tu sais que je ne t'aime pas.

« Pourquoi? Je voudrais avoir le courage de
« garder mon secret.

« Eh bien! je suis plus amoureuse que jamais,
« depuis que j'ai trouvé chez toi ces lettres mau-
« dites qui m'ont prouvé toutes tes trahisons.

« Cette femme ne se doutait guère que ses
« lettres pour toi ne faisaient battre que mon cœur
« à moi.

« Tant pis, elle a bien fait. Je m'étais endor-
« mie dans mon amour, me voilà réveillée ja-

« louse, inassouvie, furieuse comme une lionne
« à qui on a pris ses petits.

« Que cette femme vienne un peu te prendre
« sur mon cœur, elle verra que j'ai des griffes
« sous mes gants.

« C'était bien la peine, monsieur mon amant,
« de louer un balcon pour n'avoir qu'un Roméo
« toujours fugitif. Reviens vite ou je me préci-
« pite du haut de mon balcon — dans les bras
« d'un autre. — Si tu savais comme elles sont
« belles les roses que je cultive pour toi ! Si
« belles que je n'ai plus de soucis que pour elles.
« Leur éclat me cache ma figure ; aussi ce n'est
« plus pour moi que je prends l'éventail, c'est
« pour les abriter du soleil. Je n'ai plus de co-
« quetterie que pour le jardin de mon balcon.
« Par malheur, j'ai marché ce matin sur un pli
« de rose.

« Que je suis folle de parler ainsi, car si tu
« l'aimais !

« Éva. »

— Qu'est-ce que cette Éva ? demandai-je au diable.

— Une courtisane de haute volée, jalouse comme une dame de petite volée.

— Avait-elle raison d'être jalouse?

— Elle avait trop raison. — *Si tu l'aimais!* — écrivait-elle. Eh bien, il l'aimait cette rivale; aussi, pendant tout un mois, on a surnommé Éva « la courtisane amoureuse. » Elle était à la reprise de l'*Aventurière*, applaudissant à coups d'éventail les beaux vers d'Émile Augier.

— Ce qu'il y a d'admirable dans l'amour, c'est que tout divin qu'il soit il est à la portée de tout le monde ; il n'y a pas de duchesse qui ne se penche pour l'embrasser; il n'y a pas de fille perdue qui ne se relève jusqu'à lui.

LIVRE XVIII

LE BRÉVIAIRE DE LA PRINCESSE

ÉVA.

LE BRÉVIAIRE DE LA PRINCESSE

La princesse n'était pas une femme savante et Mlle d'Armaillac n'était pas un bas-bleu. Elles n'estimaient que l'esprit parlé, disant que l'esprit écrit est à la portée de tout le monde, même des imbéciles s'ils ont de bonnes lectures.

On les surprit pourtant un jour qui écrivaient leur bréviaire sur un petit livret à couverture rouge qui portait pour titre :

LIVRE D'HEURES PERDUES.

Elles étaient en compagnie d'une de leurs amies, une lady connue sous le nom de la belle Diana.

Sylvia est une charmante anglaise du meilleur style, belle comme un portrait de Van Dyck et spirituelle comme Rivarol.

Elle se plaignait de ne pas bien parler le français avec une grâce de langage toute française.

— Et quand je pense, dit-elle un jour avec sa coquetterie native, que je suis tous les soirs obligée de jouer Célimène dans les salons avec un si mauvais accent!

— Mais, madame, lui fut-il répondu, vous parlez comme Ninon de Lenclos. N'est-ce pas l'amour qui vous a appris le Français?

— Non, monsieur, repartit-elle avec sa naïveté provocante, c'est le Français qui m'a appris l'amour.

Naturellement, c'était l'amour qui faisait les frais de ces pages curieuses, hiéroglyphées ou hiérogriffées par ces trois amies que les démodés appelaient encore les Trois Grâces.

On pouvait étudier là le cœur de ces dames. Il était facile de juger que chez elles le scepticisme n'avait pas encore ruiné le sentiment, ni la science l'illusion. Elles avaient beau faire l'esprit fort, on pouvait les battre par plus d'un point.

Pourquoi ne pas imprimer ici les pages perdues de ce bréviaire?

Les femmes n'aiment tant l'amant qu'elles aiment que par regret de l'amant qu'elles n'aiment plus et par désir de l'amant qu'elles aimeront.

Beaucoup de ces dames jouent avec leurs amants comme les jongleurs du Cirque avec leurs enfants : elles les adorent, mais elles leur cassent les reins.

Il y a des veines en amour comme au lansquenet. Les femmes passent la main, mais les hommes sont trop chevaleresques pour *faire Charlemagne*.

Combien d'hommes et de femmes qui sont du genre neutre! Combien aussi d'hermaphrodites dans les deux sexes! Combien même qui, pareils au devin Tirésias, sont tantôt hommes et tantôt femmes! Il y a dans l'histoire des époques mâles et des époques femelles. A la Renaissance il n'y a que des femmes, y compris les papes et les héros; sous la Révolution il n'y a que des hommes, y compris les poëtes et les courtisanes.

On ne se convertit que par les femmes. Pourquoi? C'est que, pour conquérir la grâce, il faut entrer dans le pays de la grâce.

Il y a beaucoup de femmes, qui ressemblent à la Belle

au bois dormant. Elles dorment jusqu'au jour où vient le prince Charmant. Mais le prince Charmant ne vient pas toujours. (*Écrit par la princesse.*)

Bolingbroke, pour garder la fraîcheur de sa maîtresse, abreuvait sa belle avec du sang de vipère. Il y a une goutte de ce sang-là dans la beauté de toutes les femmes.

Pour faire chanter les rossignols on leur crève les yeux : l'amour ne chante que les yeux bandés.

Les petits poissons qui tuent les baleines me montrent les petites filles du corps de ballet qui tuent les gros poissons de la Banque.

Les fêtes de l'amour sont comme les fêtes du monde : il faut s'en aller avant que les bougies s'éteignent.

Le cœur des femmes ressemble toujours à une cathédrale : l'autel du Dieu est dans le chœur, mais que de chapelles dans les bas-côtés !

Les anciens ont représenté Vénus toute nue, non pas seulement parce qu'elle était belle ainsi, mais parce que l'amour n'a rien de caché pour l'amour.

C'est avec la courtisane qu'on apprend à connaître la femme vertueuse ; c'est avec la femme vertueuse qu'on apprend à connaître la courtisane. Toutes les deux ont leur roman écrit par l'amour: l'amour divin et l'amour profane. Mais où s'arrête l'amour divin? Où commence l'amour profane? Tout est dans tout. Pascal ne défendait-il pas à sa sœur de caresser ses enfants? Madeleine, toute souillée encore des orages de la volupté, ne donnait-elle pas un baiser virginal au pied de la croix?

Une femme d'esprit disait: « Est-ce bien vrai, ce mensonge-là? » Les femmes ont si bien brouillé le mensonge avec la vérité, qu'il y a toujours — dans leurs mensonges un peu de vérité — et dans leurs vérités un peu de mensonge.

L'amour hait le mariage pour les hommes, mais il le conseille aux filles, car il a bien plus de prise sur elles quand elles ont passé par là.

Vénus était mariée.

Que forgeait Vulcain? Les chaînes de Mars et de Vénus.

Un galant homme s'imagine avoir sa femme — parce qu'il est marié; mais là où est la femme souvent la femme est absente. Son esprit et son cœur font ménage avec quelque fat de sa société, Il n'y a pas séparation de corps; c'est bien pis, car il y a séparation d'âmes.

Toute la politique anglaise, c'est l'Océan.
Toute la politique de la femme, c'est l'amour.

L'amour, c'est l'Océan autour de la femme. On se hasarde dans tous les dangers de la traversée pour aborder à la terre ferme.

Mais la femme n'est le plus souvent qu'un sable mouvant.

Combien qui échouent sur le sable, croyant saluer le rivage! (*Écrit par Diana.*)

Il y a beaucoup d'amours qui naissent par la haine.

Le bien et le mal ont toujours été en lutte et ont toujours aimé à vivre ensemble.

C'est une grande joie que d'étreindre dans ses bras la femme qu'on haïssait la veille. Les querelles de ménage sont souvent des querelles d'amour déguisées.

L'amour et la haine brouillés ensemble s'appellent la volupté.

L'amour n'a qu'un ennemi sérieux, c'est le ridicule. Quand l'amour survit au ridicule, c'est qu'il est sublime, comme la poésie qui survit à la tragédie.

Que d'amoureux qui croient encore vivre de leur amour quand ils n'ont plus en eux qu'un mort enseveli!

Les anciens ont donné à l'amour des armes parce qu'il est brave et des ailes parce qu'il est lâche. Il frappe au cœur et s'enfuit. L'amour est donc le plus brave et le plus lâche des dieux. Hercule a accompli douze travaux héroïques, mais l'amour l'a vaincu aux pieds d'Omphale. Il n'y a pas de femme qui, avant ou après sa défaite, ne traîne l'amour à ses pieds, désarmé, éperdu, suppliant. L'amour n'aime rien tant que son héroïsme et sa lâcheté.

L'amour est le souvenir d'une vie antérieure et le pressentiment d'une vie future. Le poëte a eu raison de dire :

> L'homme est un Dieu tombé qui se souvient du ciel.

A la guerre de l'amour, ce n'est pas le plus brave qui prend le drapeau; c'est le plus savant. La tactique triomphe avant la force.

Il n'y a qu'en Arcadie que l'amour a raison de l'amour.

Les amoureux sont comme ces illuminés qui s'affolent, au bal de l'Opéra, du masque et non pas de la femme. Quand tombe le masque, il n'y a plus de femme.

L'amour, le premier sourire d'Ève, la première larme de Madeleine. (*Écrit par Mlle d'Armaillac.*)

La vertu est comme la beauté. On ne sait où elle commence ni où elle finit.

La femme ne veut rentrer au paradis que pour descendre ensuite au paradis perdu.

Quand Dieu fit la femme aux dépens de l'homme, il créait du même coup la femme et l'amour. En effet, l'homme est attiré vers la femme comme à un autre lui-même et comme à un bien perdu. Il veut ressaisir sa force primordiale, il veut s'enchaîner à cette autre vie qui est encore la sienne. La femme, de son côté, trouve que Dieu ne lui a pas donné tout ce qu'il y avait de grandeur et d'héroïsme dans l'homme. Elle essaye de conquérir ce qui lui manque ou de se donner tout entière, comprenant bien qu'elle n'est que la doublure de l'étoffe primitive qui habille l'idée de Dieu.

Mais la doublure ne vaut-elle pas l'étoffe ?

L'harmonie naît des oppositions et des contrastes. On ne fait pas un accord avec une seule note, ni un tableau avec une seule couleur. A toute âme brune il faut une âme blonde : la force aime la grâce, l'esprit se repose dans le sentiment.

L'amour des beautés byzantines est doux à cueillir comme les roses sauvages dont la chaste senteur ne pénètre que l'âme.

C'est la femme qui perd la femme. Avec l'homme la femme se retrouve.

Aujourd'hui le serpent prend la figure de la femme pour corrompre la femme.

Quand on aime une pécheresse, on la prend pour ce qu'elle a été. L'homme d'esprit ne questionne jamais ; à quoi bon lire le livre du passé pour faire le livre de l'imprévu ?

Le masque de l'amour prend plus de femmes que l'amour.

L'amour est comme le poëte, qui trouve toujours des vers nouveaux sur l'air connu.

L'amour se nourrit de larmes et de sang, et non de lait et de roses, dit l'Anthologie. C'est qu'il a sucé le lait des bêtes féroces quand Vénus l'abrita dans les bois inaccessibles contre les colères de Jupiter.

Quand une femme se déshabille, elle est encore vêtue de sa pudeur — si elle est amoureuse.

Quand une femme se donne corps et âme, elle est encore chaste — si son cœur bat.

La chercheuse d'esprit qui trouve l'amour ne trouve

pas l'esprit. Le chercheur d'amour perd dans son voyage tout l'esprit qu'il a.

L'esprit hait le commerce de l'amour, et l'amour hait le commerce de l'esprit. (*Écrit par la princesse.*)

En amour, il n'y a que les tyrans qui restent sur le trône. Les monarques débonnaires laissent tomber leur sceptre en quenouille.

L'amour n'est souvent pour la femme que le coup de l'étrier pour son voyage dans le bleu. Elle laisse l'homme en chemin.

Alfred de Musset buvait de l'absinthe pour l'ivresse et non pour l'absinthe.

L'amour a-t-il etudié les mathématiques ? Quand il veut tromper son monde, il commence par mettre un zéro après une unité et il est dix fois plus amoureux. Le lendemain il met encore un zéro et il aime cent fois plus que la veille. Et ainsi il va de zéro en zéro jusqu'au jour où la nature, dépouillée du prisme de l'orage, le ramène à l'unité, que dis-je? au simple zéro.

La Normandie est le pays de la pomme. La pomme est le fruit d'Ève. Voilà pourquoi la femme est toujours un peu Normande en amour. (*Écrit par Diana.*)

Ce n'est pas à la chevelure, c'est au regard que la

femme reconnaît les blonds. La duchesse de *** disait en voyant ses convives à table : « Je n'ai ce soir que des bruns. » On se récria en regardant les blonds : « Chut! dit-elle, *car les blonds ne sont pas ce qu'un vain peuple pense.* »

C'est le triomphe de l'amour de s'élever d'un pied dédaigneux au-dessus de tous les orgueils et de s'estimer plus riche que M. de Rothschild. L'amour bat monnaie comme un roi et change l'eau en vin comme un dieu.

La pudeur est sublime, parce que c'est la nature qui se défend. La pruderie est odieuse, parce que ce n'est qu'un masque. Sous la pudeur il y a une femme; sous la pruderie il n'y a qu'une sotte.

En France les amoureux ne sont pas plus épiques que la *Henriade*. La raison domine toujours la poésie. L'amour écrit de belles strophes, mais ne fait guère de livres. Beaucoup de jolies bourgeoises émancipées ont cru s'élever à la poésie parce qu'elles étaient romanesques, mais elles n'ont fait que tomber dans la prose poétique. (*Écrit par la princesse.*)

Les femmes romanesques aiment les hommes prosaïques. La nature ne veut pas perdre ses droits.

L'amour est un bourreau d'argent. C'est toujours l'enfant prodigue. Il se nourrit de ses sacrifices, car plus il donne et plus il croit affermir sa conquête. Mais il ne prend hypothèque que sur le sable mouvant du rivage. Si on lui donne la monnaie de sa pièce, ce sera en fausse monnaie.

Les femmes ne seraient pas jalouses si leurs rivales n'étaient pas heureuses.

La courtisane mange le passé : — l'héritage, — la femme aimée mange le blé en herbe : — l'avenir ! — Quelle est la plus dangereuse, ô jouvenceau au col cassé !

Combien de courtisanes qui sont mortes sans avoir fait l'amour !

Pour savoir l'âge d'une femme, il faut le lui demander, et le demander à son amie. Elle dira trente ans, l'amie dira quarante, on prendra le terme moyen.

Les femmes placent leur amour dans le cœur des hommes à fonds perdu ou à cent pour cent. Les hommes ne hasardent pas le capital, mais dédaignent les intérêts.

L'amour est encore la plus belle invention des anciens pour les modernes.

La femme qui s'oublie avec un homme qu'elle n'aime pas oublie bientôt qu'elle s'est oubliée.

C'est alors qu'un galant homme ne se souvient pas.

Les anciens ont connu deux amours, *Imeros* et *Eros*, l'amour des fous et des sages. Nous ne connaissons qu'un amour; mais nous n'y perdons rien, car il renferme tout à la fois la sagesse et la folie.

Si vous battez la campagne, emporté par un rêve brûlant, prenez garde de donner un coup de pied dans l'hyménée universelle. Songez que tout est amour au mois des primevères et des aubépines. Dans chaque ramée, si vous écoutez bien, vous ouïrez le cantique des cantiques; à chaque pas dans l'herbe, si vous regardez bien, vous trouverez un lit nuptial.

Dans l'Olympe, le Dieu de la pensée est un homme; mais cet Apollon que fait-il sans les neuf muses? Or les femmes sont les muses des passions.

Élus ou réprouvés, déchus ou rachetés notre destinée commune se rattache à l'Éden ou à Bethléem : nous relevons tous d'Ève ou de Marie ! « *Ab Jove principium !* »

La vertu revêche est un château fort qui ne baisse pas le pont-levis parce que personne ne frappe à la porte.

L'Orient et l'Occident s'ébranlent pour Hélène, la veuve aux cinq maris; Hercule est vaincu par Omphale; Antoine est dompté par Cléopâtre; Eurydice entraîne Orphée dans les Champs-Élysées ; Merlin est emprisonné par Viviane; Fastrade morte enchaîne Charlemagne sur son tombeau; Béatrice élève Dante jusqu'aux sentiers bleus du paradis.

La femme est le dernier mot du Créateur. Le grand maître avait d'abord sculpté les mondes, puis le mastodonte, puis l'aigle, puis le lion, puis l'homme; il termina par la femme. Ce fut alors qu'il se reposa pour se contempler dans son œuvre.

Dans la chaîne invisible qui suspend la terre au ciel, la femme tient la main de l'ange, l'homme tient la crinière du lion.

Vénus naissant de la mer est un profond symbole : il faut à la beauté la plus parfaite un grain de sel dans l'esprit et des tempêtes dans le cœur. (*Écrit par la princesse.*)

Aspasie dit un jour à Platon, qui l'avait promenée dans tous les sentiers perdus du sentimentalisme : « Que de chemin nous avons fait pour arriver où? — Au commencement! »

Platon déraisonne, car l'amour est une ivresse; or comment s'enivrer sans mordre à la grappe?

Les platoniciens disent qu'Hercule, aux pieds d'Omphale, n'écoutait que les battements de son cœur. Mais, quand Hercule filait le parfait amour aux pieds d'Omphale, c'était après avoir accompli ses douze travaux.

La femme galante est un billet en circulation qui prend d'autant plus de valeur, qu'on y lit plus de signatures.

Où commence et où finit la femme galante? Elle commence à Sapho et à sainte Thérèse, elle finit à Ninon et à Sophie Arnould. Elle va du libertinage du cœur à celui de l'esprit en passant par le vrai libertinage, comme Marion Delorme.

La femme ne se console de sa première chute que par une seconde, — et ainsi de chute en chute, — c'est-à-dire qu'elle se console toujours — et qu'elle n'est jamais consolée.

La femme la plus amoureuse a toujours un second amour dans le chemin du cœur.

Il en est des femmes qui passent pour être à tout le monde comme de la croix. « Tout le monde l'a, disait-on à M. de Salvandy. — Je ne suis pas de votre opinion là-dessus, car tout le monde me la demande, » répondit le ministre.

La vertu est une robe faite après coup sur la nature pour cacher ses battements de cœur. Ce qui fait la force de la femme, c'est que l'homme croit trouver la vertu sous la robe. (*Écrit par la princesse.*)

Il en est souvent des femmes comme de l'argent : on les prend pour les mettre de côté.

L'amour a pour patrie le ciel et la terre. Trop souvent l'un des deux amants habite le ciel quand l'autre habite la terre. L'un aime en vers et l'autre aime en prose.

Quel est le plus poëte des deux ?

Dans le pays de la galanterie la fausse monnaie a un cours forcé.

On ne se paye pas en bonne monnaie.

Les plus beaux sentiments sont marqués à une effigie douteuse et le cœur le plus passionné renferme beaucoup d'alliage.

Dans ce pays-là les fous sont les sages et les sages sont les fous.

Dans ce pays-là, il vaut mieux être fripon que dupe.

Beau mot d'un Athénien à un Spartiate : « Respectez mes vices, ils sont plus grands que vos vertus. » Nous ne sommes plus de Sparte, ni même d'Athènes. Chez nous la passion n'a plus ses coudées franches au banquet; l'enfant prodigue tue lui-même le veau gras à sa première folie ; tel qui jette l'argent par la fenêtre en plein soleil se précipite dans la rue, quand vient le soir, pour ramasser ce qui en reste.

Tant vaut l'homme, tant vaut la femme; tant vaut la femme, tant vaut l'amour; tant vaut l'amour, tant vaut la vie; et tant vaut la vie, tant vaut la mort.

Il n'est pas un savant à qui une femme ne puisse dire avec raison : « La science, c'est moi. »

Les hommes disent : *Faire une femme;* les femmes disent : *Faire une dupe.* En effet, dans ce *commerce* de l'amour (je n'invente pas le mot), comme dans tous les commerces, on n'ouvre un crédit que par l'appât de gros intérêts. Il y a, comme ailleurs, le livre des recettes et des dépenses. Un homme et une femme, quelque passionnés qu'ils soient, calculent les hasards du compte qu'ils vont s'ouvrir. Madame *** disait à M *** : « Je vous porte un si haut intérêt! — A combien pour cent? » demanda M ***. Et il avait raison.

Il y a telle femme qu'on prend comme une charge d'agent de change. Nul n'est assez riche pour l'avoir à lui seul. On est pour un quart ou pour un huitième dans sa vie.

On peut la comparer encore à un de ces carrosses de hasard qu'on loue à l'heure pour se donner des airs d'enfant prodigue aux courses de chevaux ou aux Champs-Élysées.

On peut dire encore que sa vie est un vaudeville qu'on fait à deux ou à quatre : qui le scenario, qui le dialogue, qui les couplets, qui le mot ; mais c'est toujours elle qui trouve le dernier trait et qui a les applaudissements.

La plus belle fille du monde ne peut donner que ce qu'elle a. — Qui a dit cela ? — Elle donne ce qu'elle n'a pas : l'amour. (*Écrit par la princesse.*)

Pour la femme, l'amour, c'est la curiosité ; pour l'homme, c'est l'amour.

On a dit que les gens d'esprit ne réussissaient pas dans le monde, parce qu'ils ne croyaient pas les autres aussi bêtes qu'ils sont. Les amoureux qui ne réussissent pas sont aussi bêtes que les gens d'esprit : ils ne croient pas les femmes aussi — Èves — qu'elles sont.

L'amour, dans le cœur de la femme, est le diamant dans le charbon. On y trouve le feu, la mort et la lumière.

L'amour ne donne jamais à un peintre le temps de peindre deux amants sous le même rayon d'amour et de lumière. Le portrait de l'un n'est pas fini que déjà l'autre n'est plus là.

Je connais peu de femmes qui donnent dans la prodigalité. J'en connais beaucoup qui donnent dans la prodigalité des hommes.

Nous ne voyons pas plus clair dans nos passions que la cavale éperdue qui a pris la nuit le mors aux dents, et qui éclaire au choc des cailloux le chemin — pour les autres.

Un nouvel amour est un renouveau pour le cœur. Dans les premiers jours de la passion, les amants ont des coquetteries charmeresses qui s'évanouissent aux premiers vents d'orage.

C'est l'aubépine toute blanche et toute parfumée qui bientôt n'est plus qu'un buisson. L'amour y chante encore, mais on lui dit comme le paysan au rossignol : « Tais-toi donc, vilaine bête qui m'empêches de dormir! »

Il y a des femmes qu'on aime parce qu'on les a aimées dans une autre vie. Dès qu'on les voit — dès qu'on les revoit — il semble qu'on ressaisisse quelque rayon de sa vie ancienne. L'horizon se rouvre vers le passé. « Rien de nouveau sous le soleil, » disait Salomon. En effet, rien de nouveau — pas même la vie — mauvais livre qu'on a déjà lu.

La rose est le symbole de la douleur, puisqu'elle est teinte du sang de Vénus. (*Écrit par M*^{lle} *d'Armaillac.*)

En amour, quand un homme manque de parole, il ne sait pas que celle qui a signé avec lui au contrat lui sait gré de prendre les devants.

La femme qui inspire une grande passion la subit bientôt — quelquefois pour un autre — comme le thermomètre subit les variations de l'atmosphère.

Alexandre voulait qu'on l'appelât fils de Jupiter. « Cessez, mon fils, de me brouiller avec Junon, » lui écrivit sa mère.

Mme de Barneweldt se jetait aux pieds du prince d'Orange pour solliciter la grâce de son fils : « D'où vient que vous n'avez pas sollicité en faveur de votre mari ? — C'est que mon mari était innocent et que mon fils est coupable. »

Le comte de Nangis, devenu dévot, voulant détourner sa fille du mariage, lui citait saint Paul, qui dit : « En se mariant on fait bien, on fait mieux en ne se mariant pas. » La fille à marier répondit : « Faisons toujours le bien, fera le mieux qui pourra. »

Voilà comment parlent les femmes. (*Écrit par Diana.*)

Les femmes qui ne soulèvent dans notre esprit que des points d'admiration sont comme les tragédies de Racine, — trop parfaites. — On aime mieux celles qui soulèvent des points d'interrogation.

L'amour est toujours à la recherche de l'inconnu. Le

grand art, c'est d'être impénétrable. Quand le masque tombe, le carnaval cesse.

Une femme qu'on n'a pas aimée, c'est un air qu'on ne sait pas.

On va aimer la femme, — on commence à chanter l'air.

On aime, — on chante, — bien ou mal, — juste ou faux.

L'air connu, s'il n'est pas de Mozart ou de Gluck, vous persécute, parce qu'il vous revient à toute heure à l'esprit. — Vous ne le voulez plus chanter, il se chante tout seul. Vous le mettez à la porte, il revient par la fenêtre.

Ainsi de l'amour. Ainsi de la femme, — si elle ne chante pas dans votre cœur des airs de Mozart ou de Gluck!

La vie donne une main à l'amour, l'autre à la mort, et le cercle fatal est formé.

Tout en lisant l'histoire de la vie, il faut en feuilleter toujours le roman. Les deux livres s'illuminent l'un par l'autre. On finit par les confondre, par se tromper de page, par ne plus savoir où l'on en est : c'est le point suprême de la science.

Toutes les femmes sont la même; qui a dit cela? Entre deux femmes il y a un monde quand il n'y a pas un homme.

L'amour est un fil que la femme tient par les deux bouts et qu'elle nous donne à retordre.

Les femmes ne vivent pas pour l'histoire, leur règne est au jour le jour, car c'est le règne de la beauté, qui a peur des révolutions du Temps. *Après moi le déluge!* disait Mᵐᵉ du Barry. Ce fut un déluge de sang.

Les filles d'Ève, il les faut connaître au bon moment, — à l'heure où elles agitent les branches savoureuses de l'arbre de la science, — à l'heure où elles s'enfuient effrayées et repentantes, mais avec un divin sourire d'amour, consolées des orages de la passion par les joies du souvenir.

L'amour ne vieillit pas, il meurt enfant.

On ne donne qu'aux pauvres. Que voulez-vous que fasse une femme pour un homme qui demande au lieu de prendre?

Si on me chantait des sérénades pour me demander le trésor de mon cœur, sur toute la somme je ne donnerais qu'un sou. (*Écrit par la princesse.*)

Les roses de l'amour ont leurs épines dans notre cœur.

Il y a sept péchés capitaux pour les sept jours de la semaine. La femme est le huitième péché capital. Mais c'est peut-être la quatrième vertu théologale?

On ne va pas au cœur des femmes en parlant de soi, mais en leur parlant d'elles. Une femme s'amuse toujours de ce qu'elle dit, jamais de ce qu'on lui dit, si on ne lui parle pas d'elle.

Est-ce qu'il n'arrive pas à votre âme de quitter le matin sa maison pour courir le monde, folle, insouciante et curieuse, sans savoir si elle retrouvera la porte ouverte ? Mon âme aime les aventures ; elle s'envole souvent sans dire où elle va, par la raison toute simple qu'elle n'en sait rien ; elle laisse la clef sur la porte, sans avoir peur d'être volée. Cependant il arrive quelquefois à mon âme de trouver en rentrant mon cœur occupé par l'ennemi. (*Écrit par la princesse.*)

L'idéal, c'est la femme vue dans le lointain à travers les vapeurs bleues de l'aube ou dans la lumière dorée du couchant. — C'est la vérité qui s'éloigne du puits, jetant sur son épaule l'écharpe ondoyante du mensonge.

C'est la première étreinte qui donne le sceptre à l'homme ou à la femme.

De tous les livres, le livre de sa vie est le plus difficile à faire, surtout quand on veut y mettre son nom.

Pour la femme, le livre de la vie n'est bon que s'il n'est pas signé.

Quand on a vingt ans, on trouve toute une carrière de

marbre pour bâtir sa maison ou son palais; mais trop tôt on s'aperçoit qu'on manque même de pierres. Et le monument est en ruines avant d'être achevé. Il n'y a que Philémon et Baucis qui aient supporté en cariatides le monument de leur amour.

Mais c'était une chaumière.

Ah! si le cœur et l'esprit étudiaient ensemble! mais ce sont deux étrangers ou deux ennemis. C'est le chien et le chat de la maison.

Qu'est-ce que prouve la vie? La mort. — Qu'est-ce que prouve la mort? La vie. — Qu'est-ce que prouvent la vie et la mort? L'amour.

On cherche toujours son premier amour dans le second; voilà pourquoi le second amant est celui qu'on aime le plus.

Si Machiavel avait fait une politique pour l'amour, dirait-il aux hommes : « Faites aux femmes ce que vous voudriez qu'elles vous fissent? »

Le bonheur nous attend quelque part, à la condition que nous n'irons jamais le chercher : c'est le château en Espagne. (*Écrit par Mlle d'Armaillac.*)

Ce ne sont pas des poëtes ni des amoureux, ceux-là qui ne franchissent pas le Rubicon, car c'est de l'autre côté que sont la poésie et l'amour.

Il fallait plus de génie à don Quichotte pour combattre les moulins à vent qu'à Sancho Pança pour rire de don Quichotte.

Pour apprendre à connaître les femmes, pratiquez les femmes. Pour apprendre à connaître les hommes, pratiquez les femmes.

Quand Dieu eut mis la dernière main à son œuvre des six jours, il s'aperçut qu'il y avait bien des retouches à faire; mais, tout en se reposant le septième jour, il mit dans l'esprit de la femme la curiosité, et dans celui de l'homme le sentiment de l'idéal. Depuis la création du monde, l'homme cherche sans cesse à parachever l'œuvre de Dieu.

Il fallait bien laisser à la femme quelque chose à deviner et à l'homme quelque chose à faire.

Les femmes n'étreignent jamais que les chimères de l'avenir ou les fantômes du passé. La vie *était* ou *sera*, elle *n'est* pas; *hier* et *demain*, mais non pas *aujourd'hui*. Elles ne vivent pas : elles passent dans la vie.

Entre parenthèse (—). Que de fois on permet à la parenthèse d'envahir sa vie! On trompe son mari ou son amant presque toujours entre (—); mais on se trompe soi-même sans parenthèse.

Le premier trait d'esprit d'une femme, c'est sa figure; le dernier, c'est son cœur.

Les astrologues et les philosophes auraient dû trouver ceci : pour les amoureux la terre tourne dans le ciel, pour les autres elle tourne dans le vide.

Tout homme qui n'est pas doublé d'une femme n'est pas un homme.

Quel philosophe que cet Érasme, qui a fait l'éloge de la folie! La folie, c'est la sagesse humaine, puisque c'est la passion. L'homme qui vit avec la passion échappe aux désastres, parce que la passion est un coursier généreux qui a le flanc marqué par l'éperon d'or de Dieu. La passion, c'est l'âme de la vie, — c'est le vent qui pousse en avant le navire, — c'est quelquefois le vent de la tempête; mais qui n'aime mieux la mort dans la tempête que la vie sur le seuil du tombeau?

Dieu a permis la philosophie à l'homme, mais il a enseigné la comédie à la femme pour qu'elle se moquât du philosophe. (*Écrit par la princesse.*)

Noverre le chorégraphe disait : *Quand je n'ai rien à faire, je fais des pensées de La Rochefoucauld.* Quand je n'ai rien à faire, je fais l'amour, disent bien des femmes. Or ces femmes ne font pas plus l'amour que Noverre ne faisait du La Rochefoucauld.

Il est bien malheureux celui qui est heureux en femmes.

Artémise, celle-là qui a inventé les mausolées, avait voulu mourir pour que ses cendres fussent réunies à celles de Mausole; mais, tout bien considéré, elle aima mieux vivre en buvant dans son vin les cendres de son mari, lui servant ainsi de sépulcre.

Les savants n'ont jamais su si c'était le mausolée de chair ou le mausolée de marbre qui compta parmi les sept merveilles du monde.

L'amour heureux est la robe étoilée du ciel qui vient rafraîchir la terre après le coucher du soleil; l'amour malheureux, c'est la robe de Nessus qui dévore sans relâche ni merci. (*Écrit par Mlle d'Armaillac.*)

Faust a cherché la science : il a trouvé Marguerite agenouillée dans le temple.

Celui-là aime dans sa femme l'amour qu'elle a pour lui; celui-là aime dans la sienne l'amour qu'elle a pour un autre. (*Écrit par la princesse.*)

Dans le *Jardin des Roses*, Saadi console la femme en lui disant que le repentir après la faute la ramène à l'état d'innocence. Hugo n'a donc fait que traduire Saadi? Mais qu'est-ce que le repentir? C'est un second amour, qui vaut mieux que le premier. On se repent toujours dans les bras de quelqu'un. (*Écrit par la princesse*.)

Quand une femme ne reconnaît pas un homme qui se vante d'avoir été son amant, c'est la femme qu'il faut croire, car celui-là n'a pas été l'amant d'une femme, qui n'a pas marqué dans son souvenir.

Il y a dans l'amour des surprises dont l'homme ne doit pas s'enorgueillir : son seul avantage était d'être — le premier venu — pour un dépit ou pour une vengeance.

L'amour qui s'endort ressemble à Samson : Dalila lui coupera les cheveux dans son sommeil.

L'amour, chez l'homme, c'est la tyrannie; chez la femme, c'est l'esclavage. Le jour où la femme ne subit plus le joug, elle n'aime plus. (*Écrit par Diana.*)

Pour l'homme, la femme est tout à la fois l'art et la nature — un tableau vivant. — Pour la femme, l'homme c'est l'homme, c'est un cœur, c'est une âme, c'est un corps. L'art n'y entre pour rien.

L'amour, c'est une chanson qu'on chante à deux; après

avoir chanté la chanson, on ne chante plus que le refrain — et quelquefois on le chante tout seul.

L'amour se paye avec de l'amour. Toute autre monnaie est de la fausse monnaie.

Les femmes se donnent plus de mal pour acheter l'enfer qu'elles n'en auraient pour acheter le ciel. (*Écrit par Mlle d'Armaillac.*)

Il y a des femmes qui sont des jardins français ; il y a des femmes qui sont des jardins anglais. On estime plus les premières ; on aime mieux les secondes.

Marie a raison contre Marthe. — Vivre de ce qui est éternel, n'est-ce pas plus vivre encore que de vivre de la mort de chaque jour.

Les Madeleines pécheresses ne se repentent que pour vivre saintement de leur passé criminel. Elles ne se sont exilées du monde profane que pour y revenir par un voyage imaginaire. Elles lisent tous les jours à leur confesseur le roman de leur jeunesse.

Ninon de Lenclos disait : « On ne prend pas une femme par les prières ni par les raisonnements, *on la prend.* » Mot énergique qu'on donne à méditer aux Werther qui sortent du collége. »

Les coquettes filent leur toile pour prendre les hommes ; mais les plus forts traversent la toile comme les bourdons les toiles d'araignées.

L'amour de certaines femmes donne la mort, mais la plupart des hommes s'y habituent, — comme Mithridate au poison.

Le paradis n'est pas un rêve des poëtes : c'est un pays dont nous nous souvenons. Hier nous répond de demain. La soif de la pomme amère ne s'apaisera qu'aux fontaines de l'Éden.

On revient d'un amour comme on revient d'un feu d'artifice, — triste et nocturne. (*Écrit par Mlle d'Armaillac.*)

Jusqu'à quarante ans, la femme n'a dans le cœur que quarante printemps ; mais, après quarante ans, elle a quarante hivers.

Quand la femme voit un soir chez elle l'amour prendre son parapluie pour ne plus revenir, elle fait cette triste réflexion, qu'il est temps de se rabattre sur la quantité

Quand Ève a vu sa nudité, elle a caché son cœur en cachant son sein.

Les amoureux écrivent leur serment sur le vent, sur les flots ou sur le sable du rivage, parce que l'amour

passe toujours et ne sait pas le lendemain ce qu'il a dit la veille. Pour lui le passé c'est l'avenir. Phaon avait écrit sur le sable : « J'aimerai Sapho jusqu'à la mort. » Sapho reconnut l'écriture de Phaon et s'agenouilla pour baiser ces mots sacrés; mais le flux ne lui en laissa pas le temps : la mer les effaça d'une lèvre jalouse.

Pour le philosophe, la femme qui traverse pendant un quart de siècle les joies de Paris sans tremper ses lèvres dans la coupe, est une sainte, comme celle qui jette la première pierre aux autres est une orgueilleuse.

Chaque femme a sa mission. Il y a les prédestinées aux pompes et aux œuvres de Satan, mais il y a les femmes qui sont envoyées sur la terre pour y répandre un parfum de la grâce divine. Celles-là, comme la vestale antique, veillent à la fois sur leur vertu et sur leur amour. Le berceau de leur enfant les protége dans les jours d'orage; elles abordent à la rive plus heureuse des renoncements que des tempêtes de la volupté. (*Écrit par M*^{lle} *d'Armaillac.*)

On ne connaît les fleurs que par leur innocence; on semble ignorer que ce sont des Borgia et des Brinvilliers. Le lys, ce beau lys blanc : un poison; la fleur d'oranger, ce symbole du mariage : un poison; le coquelicot, le symbole de l'innocence : un poison; autant de fleurs, autant de poisons. On les respire, on s'enivre, on sommeille, on s'endort et on ne se réveille pas si on s'est enfermé avec ces charmantes ennemies. L'aspic sous les fleurs, c'est le poison. Et on dit que les femmes sont des fleurs.

L'amour est si lourd à porter à deux qu'il faut prendre un troisième compagnon pour faire le voyage.

Le plus souvent ce n'est pas l'esprit, c'est la bête qui nous sauve dans nos passions. (*Écrit par Diana.*)

Tous les amours — même l'amour maternel — ont leurs angoisses et leurs déchirements. C'est que Dieu a créé une peine pour chaque joie. La porte du paradis s'ouvre sur l'enfer.

Mais l'amour maternel n'écrit jamais sur son enfer les paroles désespérées du Dante.

Triompher de la femme, c'est triompher du diable. Saint Augustin dit que le péché qu'elles commettent contre l'homme est plus horrible que le sacrilége des Juifs faisant mourir le Fils de Dieu sur la croix; car les Juifs ne frappèrent que le corps de Jésus, tandis que celles-là damnent et tuent les âmes qu'il a voulu racheter.

Joli tableau de la douceur par le même peintre des femmes! « Si la fosse de Daniel eût été peuplée de femmes, le Seigneur n'aurait pu apaiser ces bêtes féroces pour sauver son prophète. »

Celui qui voudrait faire l'histoire des contradictions ferait l'histoire de la femme. En effet, la logique de la femme c'est d'être illogique; elle ne triomphe que par l'imprévu, elle n'est parfaite que par ses imperfections, elle n'est divine que parce qu'elle est humaine.

N'attaquez jamais une femme pour la tourner. Elle n'en croirait pas plus pour cela à sa vertu, mais elle croirait à votre naïveté. (*Écrit par la princesse.*)

Ne faites pas de l'amour un roman. La femme n'aime que les histoires. Si elle s'aventure dans le roman, elle vous laissera en chemin pour continuer le roman avec le premier venu.

La volonté humaine ne s'arrête que devant la volonté d'aimer.
Vouloir aimer, c'est vouloir cueillir une étoile.
Le cœur est le très-humble serviteur de l'occasion.

L'homme s'agite, la femme le mène.

Les grandes passions prennent leur source dans l'amour et se jettent dans la mort. (*Écrit par Mlle d'Armaillac.*)

Les trois amies s'étaient promis de n'écrire chacune que trois ou quatre pensées, mais les femmes quand elles prennent la plume ne s'arrêtent pas pour si peu.

La belle Diana avait ses idées sur l'amour, mais elle ne les écrivait guère; selon elle, le cœur humain est un pays perdu dont on ne fera jamais la géographie ; beaucoup de volcans, beaucoup d'abimes, des forêts vierges et des Tempés ; mais les plus hardis navigateurs ne feront jamais le tour de ce monde ouvert, parce qu'on ne fait pas le tour de l'infini.

Si la plastique dans la femme révèle sa destinée, c'est surtout chez Diana qu'il y a la mission de la beauté dans l'amour. Ses formes sont comme une harmonie de son caractère. Avec la supériorité de forme elle a la supériorité d'attraction. Tout en elle est une volupté et une similitude. Elle a la double possession de sa force et de sa beauté, ce qui l'élève au-dessus de tant d'autres femmes qui n'ont pas le charme toujours renouvelé de l'expression.

Sa beauté a la mobilité d'une âme et l'immobilité d'une statue ; quand elle marche, tout un monde invisible la suit; ses épaules, son bras, sa main, son buste, ses hanches, ses jambes, ses pieds continuent les symphonies amoureuses de sa figure ; sa robe, son châle, son manteau, ne cachent rien de son charme si impénétrable et si indissoluble. Son buste est noble et fier, comme une œuvre d'art. Ses pieds sont un peu comme les pieds de la reine Berthe; mais il ne faut pas être parfaite pour être humaine et surtout pour être inhumaine.

Elle se croit impeccable parce qu'elle n'a commis que les péchés mignons. On lui trouve la hardiesse d'un page : elle n'est si hardie que parce qu'elle marche avec sa conscience. Si, un jour, — n'oubliez pas ce trait de caractère, — si vous la voyez timide et réservée, c'est qu'elle sera devenue, comme tant d'autres, une pécheresse.

En attendant elle est de toutes les fêtes, adorée de tout le monde parce qu'elle n'aime personne. Elle dit qu'elle aime le *parfait amour* ou le *flirtage*. Il y a de graves philosophes qui voudraient supprimer ces deux mots du dictionnaire de l'Académie, sous prétexte que le chemin de l'amour, dont parle saint Augustin, conduit à l'enfer des passions, du Dante. Les graves philosophes ont tort. Il faut bien égayer la vie par quelques sourires et quelques rayons. Le chemin de l'amour conduit le plus souvent au mariage ; tant pis pour celles qui versent en route : il faut des exemples. Ce n'est pas un bien grand crime de s'attarder un peu sur les marges vertes du chemin, d'y cueillir des marguerites, d'y faire des bouquets de vergiss-men-nigth, en un mot, d'y vivre de temps perdu ; le temps perdu n'est-ce pas le temps trouvé ?

Diana a une belle-sœur toute confite en Dieu. Elles portent dans le monde le même nom puisqu'elles ont épousé les deux frères. Celle-ci, en contraste, n'est pas si vertueuse qu'elle en a l'air. Elle va à confesse au lieu de *flirter*. Mais il paraît que lorsqu'on va à confesse, c'est qu'on a des péchés à confesser.

Jusqu'ici tous ses crimes étaient expiés dans le confessionnal. Le curé de sa paroisse lui donnait l'absolution — et elle recommençait.

Mais elle a si bien recommencé que son jeu a été découvert dans une aventure mystérieuse, dont on ne parlera pas tout haut, parce que le bruit ne dépassera pas les trois ou quatre salons où elle va.

Savez-vous ce qui arrive pour ceux du dehors, pour ceux qui jugent à la surface sans pénétrer le fond des choses? c'est, qu'en cette affaire, Diana seule est accusée. Ce n'est pas elle qui est coupable, mais comme elle porte le même nom, mais surtout comme elle est célèbre par ses coquetteries, la mystérieuse aventure de sa belle-sœur lui est attribuée.

Ne vous rappelez-vous pas une histoire pareille, celle de Mme de Neers et de Mme de Montmartel, surnommée la Messaline blonde?

De ceci, trouvez une moralité pour ou contre le flirtage. Vaut-il mieux, pour vivre dans le monde, avoir sa conscience que l'opinion publique?

— L'opinion publique, disait le diable.

Il m'emmena chez la princesse en me priant de ne pas dire que le duc d'Obanos et le marquis de Satanas ne faisaient qu'un.

— Pourquoi ce jeu de cache-cache?

— Parce que je suis toujours le diable amoureux.

— Oui, mais Mlle d'Armaillac aime toujours Martial.

LIVRE XIX

LES VENDREDIS DE LA PRINCESSE

FLEUR DE PÊCHE.

I.

FLEUR DE PÊCHE.

On contait des histoires chez la princesse.
— Qu'est-ce donc que cette Fleur de Pêche dont on me parle trop? demanda-t-elle un soir.

— Un diplomate conta ceci :
Mon ami Ludovic de Damas est marié et il a une maîtresse. Abomination des abominations! C'est la faute des temps.

L'an passé, Ludovic n'avait pas encore présenté sa femme dans le monde. Il l'avait épousée à Tarbes et s'y était attardé dans un farniente de lazzarone. Mais l'amour de Paris le reprit peu à peu. Ne pouvant venir tout seul à Paris parce que sa femme était jalouse, une consultation de médecin lui fut un passe-port pour Spa où sa femme ne pouvait l'accompagner parce qu'elle allait mettre au monde un petit Ludovic.

A Spa, naturellement, il se retrouva avec Mlle Fleur de Pêche, rebaptisée Fleur de Péché, rebaptisée encore Nini blanches dents. Tout le monde sait que Fleur de Pêche prend tour à tour les airs d'une fille perdue et d'une fille sauvée; elle est merveilleuse pour les métamorphoses : s'il faut rire c'est un rayon, s'il faut pleurer c'est un saule.

Ludovic s'imagina à Spa d'en faire une femme du monde — sa femme. — Mais il se trouva pris : il lui fallut bientôt la subir comme telle.

Il ne se croyait pas connu, d'autant moins qu'il se nommait à Spa M. Ludovic de Delmas.

Fleur de Pêche fut donc officiellement sa femme dans la société des eaux. Il faut dire à sa louange qu'elle fut inouïe dans cette incarnation, — au point qu'un de ses amoureux qui passait par là ne la reconnut pas.

La voilà donc Mme Ludovic de Delmas, fêtée partout, invitée pour l'hiver, questionnée sur les modes. On la citait pour la dignité de sa haute tenue. Elle ne se montrait d'ailleurs que discrètement; elle fuyait la salle de jeux, elle se voilait de vert, de noir, de bleu, comme une femme qui a peur du soleil : elle n'avait peur que de se reconnaître elle-même.

Mais qu'arriva-t-il quand l'hiver passé Ludovic, qui est venu habiter Paris, s'est présenté avec sa femme, après les relevailles de couches, dans quelques salons bien hantés?

Grande émotion chez Mme de Tramont quand on annonça Mme de Damas, la femme pour tout de bon.

Beaucoup de gens disaient tout bas :

— Il a du front de présenter sa maîtresse dans le monde!

— Comment sa maîtresse! où avez-vous vu cela?

— J'ai vu cela à Spa où il était avec sa femme.

Fleur de Pêche est une admirable maîtresse pour voyager : à Paris elle trompe son amant, en voyage elle trompe son monde.

II.

SŒUR AGNÈS.

On passa à une histoire plus émouvante :
Un soldat prit la parole ; c'était un général
qui avait été blessé à Solférino :

. . . .

On m'emporta malgré moi hors du champ de
bataille, on me campa dans une villa voisine,
dont tout le monde s'était enfui ; heureusement,
il y avait une salle de bains où coulait l'eau d'une
petite source : ce fut ce qui me sauva. J'y trempai
mon genou pendant toute la nuit, quoique je me
crusse marqué pour la mort.

Le lendemain matin on m'amena une religieuse
de Sainte-Opportune, une toute jeune fille qui me
soignait avec une douceur et une maladresse in-

comparables : quand elle me pansait je criais comme un beau diable, mais elle me regardait et je ne souffrais plus. Les plus beaux yeux du monde, des yeux presque noirs avec de vagues percées bleues comme le ciel au travers des nuées. Aussi un jour je me hasardai à lui dire :

— Regardez-moi, mais ne me touchez pas.

Jusque-là, je n'étais pas un homme pour elle, j'étais un blessé ; mais comme le blessé allait bien, elle commença à s'apercevoir que mes adorations n'exprimaient pas seulement un sentiment de reconnaissance. Elle me quittait deux fois par jour pour aller au couvent. Il fallait bien, disait-elle, qu'elle priât Dieu dans une église. J'avais beau lui représenter que Dieu était partout, elle ne se sentait devant Dieu qu'en face de l'autel. Ses heures de prières étaient pour moi des heures d'abandon ; ce fut bien pis quand elle m'annonça qu'elle ne viendrait plus, puisque les maîtres de la villa allaient rentrer le soir même.

J'oubliais de dire que c'était une Italienne. Elle parlait aussi mal français que je parlais mal italien, mais nous nous entendions délicieusement.

A cet adieu inattendu, je lui pris la main et je lui exprimai mon désespoir.

— Que voulez-vous que je fasse sans vous, ma sœur?

— Et moi !

Nous demeurâmes plusieurs minutes noyant nos regards dans nos yeux.

— Ah! si vous n'étiez pas toute à Dieu, ma sœur, comme je vous emmènerais en France !

Nom d'un tonnerre ! je ne suis pas un sentimental, mais j'avais des larmes dans les yeux, ce qui la fit pleurer elle-même.

— Quoi, lui dis-je, je ne vous verrai plus ?

— Non, me répondit-elle ; les malheurs de la guerre nous ont donné quelque liberté parce que nous sommes toutes devenues des gardes-malades, mais à cette heure c'est fini.

— On ne peut pas vous voir dans votre couvent?

— Non, mais si vous venez à la messe à Sainte-Opportune, vous me verrez tous les matins à travers la grille.

Je ne suis pas un esprit fort, mais il y avait bien dix ans que je n'étais allé à la messe.

— Eh bien, ma sœur, j'irai à la messe.

Le couvent étant contigu à l'église, les religieuses passaient par le cloître et pénétraient dans une petite chapelle défendue par deux grilles, qui permettaient pourtant de les apercevoir dans le demi-jour.

C'était pour moi une bien petite consolation, mais comme je n'osais songer à enlever la jeune religieuse, je me promis d'aller, ne fût-ce qu'une fois, lui dire adieu à Sainte-Opportune. Je ne m'en doutais pas encore, mais c'était un véritable amour.

Vainement je me prêchais à moi-même qu'il ne fallait pas profaner les choses saintes, mon cœur était plus fort que ma raison. Au bout de quelques jours, je me hasardai à marcher ; ma première promenade sérieuse fut à l'église de Sainte-Opportune, ce qui fit dire aux habitants de la villa que j'étais un bon chrétien, puisque je commençais par remercier Dieu.

Naturellement j'allai m'agenouiller tout contre la grille qui séparait l'église de la chapelle du couvent. Dès que je tournai la tête, je vis ma jeune religieuse qui déjà m'avait vu. Et comme à la villa nous noyâmes nos regards dans nos yeux.

Je priai Dieu avec onction. Ce furent des actions de grâce pour m'avoir guéri par la main d'une si douce créature.

La messe me sembla ne durer qu'un instant ; je demeurai le dernier dans l'église pour avoir un adieu de la jeune religieuse. Quoiqu'elle ne fût pas très-proche de moi, je l'entendis qui murmurait : « A demain. »

Le lendemain, le surlendemain, tous les jours de la semaine j'allai à la messe. J'édifiai les gens de la villa. On n'avait jamais vu un si bon chrétien à dix lieues à la ronde. Et tous les jours la jeune religieuse me disait : A demain.

Je finis par me dire que c'était de la folie. C'était fort beau d'aller à la messe, mais ce n'était pas mon métier, je n'étais pas assez parfileur de parfait amour pour m'amuser plus longtemps à dévider le fil de la Vierge. « Demain, me dis-je, quand elle me dira : à demain, je lui dirai : adieu. »

Ce que je fis ce jour-là. Mais quelle ne fut pas ma surprise quand je vis tomber, tout près de moi, un petit porte-monnaie en cuir de Russie, que j'ai toujours gardé depuis comme une relique !

Le général prit dans la poche de son gilet un

tout petit porte-monnaie, et nous le montra à la ronde.

— Il ne vaut plus deux sous, n'est-ce pas? reprit-il, mais il est précieux à tous les titres : depuis que je l'ai dans les mains, il ne m'a jamais servi que pour l'argent des pauvres. Mais là n'est pas l'histoire et je continue.

Le porte-monnaie était encore à plus d'un mètre au delà de la grille. Je l'attirai avec ma canne. Je le ramassai et je l'ouvris ; naturellement la jeune religieuse ne m'envoyait ni or ni argent. J'y trouvai un billet que je lus en toute hâte :

Après-demain, restez le dernier dans l'église. J'irai vous y chercher.

— Ah diable, me dis-je, voilà du nouveau. Mais le dernier dans l'église, ceci va me conduire bien loin. Enfin, à la guerre comme à la guerre !

Le surlendemain, à l'heure où on ferme les portes des églises, je retournai dans celle-ci et je me cachai dans un confessionnal. Dès que la nuit fut venue, je m'imaginai à chaque instant voir apparaître sœur Agnès, mais rien ne troublait la terrible solitude. On sait que je n'ai pas peur devant l'ennemi, mais je suis comme Turenne, j'ai peur des revenants. Déjà, je n'aime pas, quand la nuit est noire, traverser une forêt si je suis seul ; une église est bien plus effrayante qu'une forêt, pour ceux qui, comme moi, croient vaguement aux esprits.

Je m'en voulais beaucoup de m'être aventuré dans l'église Sainte-Opportune. Chaque heure qui sonnait me semblait le glas de la mort.

Il était déjà onze heures du soir, sœur Agnès ne venait pas. Je n'étais pas resté dans le confessionnal. J'errais çà et là dans l'ombre, me heurtant aux bancs et aux piliers, espérant à toute minute voir venir la religieuse par la grille de la chapelle. Je supposai qu'elle s'était procuré la clef, non-seulement pour venir me voir, mais pour m'emmener de son côté, car il y avait sans doute dans le couvent quelques coins à elle connus, où nous pourrions nous dire que nous nous aimions sans profaner la majesté de l'église.

Quand onze heures sonnèrent, je vis la lumière traverser la grille et éclairer les marches de l'autel. Le cœur me battait violemment. J'allai de ce côté, convaincu que sœur Agnès allait mettre la clef dans la serrure, mais j'entendis parler.

« Elle n'est donc pas seule ? » me demandai-je avec inquiétude. Pour la centième fois depuis la nuit, je regrettais de m'être aventuré dans l'inconnu. Comme j'arrivais au chœur, je ne fus pas peu surpris de voir quatre religieuses allumer huit cierges autour d'un cercueil. Les religieuses étaient voilées, mais je reconnus tout de suite que sœur Agnès n'était pas une des quatre. Elle était plus grande, plus souple, plus gracieuse.

Je savais déjà qu'en Italie, pour les funérailles des religieux et des religieuses, la dépouille mortelle est présentée devant la grille de la chapelle communiquant à l'église, après quoi on l'enterre dans le cloître.

C'était donc une morte qui allait passer la nuit dans la chapelle du couvent de Sainte-Opportune et attendre là l'heure de la messe funéraire. Je supposais que parmi les religieuses qui veilleraient la morte, je verrais venir sœur Agnès. « Ah! la voilà, » me dis-je. En effet, au moment où je voyais partir les quatre religieuses qui avaient apporté le cercueil, je vis apparaître une autre sœur, tête baissée, un livre d'heures à la main, qui me rappelait celle que j'attendais.

Elle vint devant le cercueil, elle fit le signe de la croix et s'agenouilla.

J'étais si ému que je n'osais respirer. « Quoi, me disais-je, est-il possible qu'une pareille idée soit venue à une religieuse, de me donner un rendez-vous à minuit dans une église, en face d'une morte revêtue du drap mortuaire? N'était-il pas plus simple, puisqu'elle était en train de pécher, de passer par-dessus les murs du couvent, ou par la petite porte du jardin, comme dans les romans? »

Une autre sœur, qui venait aussi pour dire les prières des morts, arriva à son tour. Celle-ci ne s'agenouilla pas, après avoir fait le signe de la croix; elle vint droit à la grille et l'ouvrit, non sans quelques difficultés. J'entends encore le grincement de la clef dans la serrure. Après la première grille, ce fut la seconde grille. Je n'y comprenais plus rien. Pourquoi cette religieuse ouvrait-elle les grilles à cette heure nocturne? Était-elle d'accord avec sœur Agnès? Comme je me demandais cela, elle retourna sur ses pas et disparut bientôt dans la sombre profondeur. Dès que celle qui priait fut bien seule, je poussai doucement la première grille, puis la seconde, puis j'allai tomber agenouillé à côté d'elle.

— Enfin, je vous retrouve donc, sœur Agnès, dis-je en lui saisissant la main.

Elle poussa un cri et laissa tomber son livre d'heures.

Elle m'avait repoussé et elle se cachait la figure dans ses deux mains.

— Ne vous effrayez pas, repris-je, c'est moi, moi qui vous aime.

Certes, mon amour, à cette heure-là, n'avait rien d'effrayant; les platoniciens eux-mêmes n'ont jamais été plus détachés des choses de la terre. Plus de quatre heures passées dans l'église et dans la terreur nocturne avaient tué la bête en moi, pour ne laisser survivre que l'âme; en un mot, j'étais devenu un amoureux au diapason du lieu où j'étais. J'aspirais à retrouver une sœur, plutôt qu'une femme aimée.

Quels que fussent le trouble et l'effroi de la religieuse, elle me regarda.

— Ciel! m'écriai-je, ce n'est pas vous qui êtes sœur Agnès?

Et pourtant je n'étais pas sûr que ce ne fût pas elle, tant c'était la même expression mélancolique et touchante, la douceur des anges.

Quoique ce ne fût plus mon habitude, j'étais toujours à genoux, mais la religieuse s'était levée.

— Sœur Agnès, me dit-elle, comme si elle ne comprît pas bien, sœur Agnès est là devant vous.

Il me semblait que c'était la même voix; aussi je ne comprenais pas moi-même ce qu'elle me disait. Mais comme je reconnus que la religieuse n'était pas sœur Agnès, la lumière se fit en moi.

Sœur Agnès était bien devant moi, couchée dans le cercueil, avec son amour qui l'avait tuée.

. . . .

Le général ne parlait plus, que tout le monde écoutait encore.

— Oui, reprit-il après un long silence, voilà quelles furent toutes mes aventures galantes avec les belles Italiennes; aussi, quand on me parle de l'Italie, j'ai toujours l'idée de faire le signe de la croix, moi qui n'ai jamais songé à faire mes Pâques. Car c'est la première fois que je fais ma confession.

— Et comment sortîtes-vous de là, mon cher général? demanda une femme qui aimait à mettre les points sur les i.

Ma foi, je sortis de là quand on ouvrit les portes de l'église. Je passai les heures de la nuit tout en larmes et tout en prières. J'avais dit à la sœur qui veillait que je m'étais endormi le soir dans l'église, que je ne m'étais réveillé qu'après la fermeture des portes, que j'avais cru reconnaître, en la voyant, mon ange gardien dans la villa voisine. Cette religieuse trouva tout naturel de me voir méditer devant le cercueil de sa jeune compagne.

J'aurais pu sortir par le couvent, mais j'ai trop le respect des choses sacrées ; quand revint le jour, je me remis dans le confessionnal jusqu'au moment où on vint sonner l'angelus.

. . . .

— Eh bien, dis-je au diable, croyez-vous que celle-là n'est pas morte dans sa vertu?

La princesse dit au général que son histoire de Sœur Agnès lui avait donné le frisson.

— Voici une autre histoire funèbre, dit le duc d'Obanos, c'est amusant d'avoir peur. Écoutez bien, princesse.

III.

IL NE FAUT PAS JOUER AVEC LES MORTS.

Léon Didier est un peintre fort à la mode dans les ateliers, mais son nom n'est pas encore coté à la bourse des tableaux. On a vendu de lui quelques pochades prestement enlevées, mais il faut que le cadre soit beau pour que la chose vaille cinq louis. Peut-être sera-t-il un maître demain dans les Stevens à l'emporte-pièce, mais aujourd'hui c'est encore un surnuméraire au budget des beaux-arts.

Il est très-apprécié de ses camarades parce qu'il a beaucoup de gaieté et beaucoup de riposte. On appelle cela de l'esprit argent comptant. Il y en a tant qui sont millionnaires en bêtise qu'on est toujours heureux de saluer l'esprit, ne fût-il pas toujours marqué au bon coin.

Léon Didier et ses amis décidèrent un jour qu'ils feraient irruption au bal de l'Opéra, tous déguisés en pierrots, qu'ils s'amuseraient à perdre haleine, qu'ils séduiraient les plus farouches vertus des quadrilles et que toutes ces folies finiraient par un souper à la Maison-d'Or. Le mot Maison-d'Or fait toujours bien pour ceux qui n'ont pas d'argent. Ils s'imaginent volontiers qu'ils verront couler le pactole dans le vin de Champagne jaillissant dans les coupes.

On se prépara à cette grande action vingt-quatre heures d'avance. Chacun de ces jeunes Romains devant enlever une Sabine, commença par vendre à très-juste prix les plus jolis barbouillages de l'atelier.

Léon Didier fut le plus heureux; il toucha quatre-vingt-dix francs, pas un sou de moins, pour trois petits tableaux qui lui avaient bien coûté quatre-vingt-dix heures, sans compter le prix de la toile, des couleurs et des déesses qui avaient posé.

C'était au carnaval de 1872.

Quand sonna minuit, le jeune peintre entra dans son atelier pour revêtir son costume de pierrot et s'enfariner la figure avec tout l'art d'un peintre de genre.

Quand il fut ainsi métamorphosé, il daigna être content de lui ; il prit dans sa poche dix-huit billets de banque — quatre-vingt-dix francs — un mouchoir de batiste à couronne de marquis et la carte d'un de ses amis, un prince moldave qu'il avait connu cinq minutes à l'atelier de Gérome.

On ne sait pas ce qui peut arriver. au bal de l'Opéra ; c'est une salle d'escrime, c'est un champ clos où l'on récolte des duels de Pierrot en cultivant les passions.

Léon Didier, qui n'était pas plus brave qu'un autre, mais qui était beaucoup plus impertinent que qui que ce fût, se promettait au premier engueulement sérieux de remettre la carte du prince moldave, tout en s'éventant avec son mouchoir à couronne, — ce qui serait de bon air pour la galerie, — et surtout pour la dame qu'il voulait induire en souper.

Qui paye d'audace n'a pas besoin d'autre monnaie. Il ne manquait plus à Léon Didier, pour être tout à fait triomphant, que des gants paille. Mais il en trouverait en route.

Au moment où il allait descendre de son atelier, ses yeux s'arrêtèrent malgré lui sur un squelette assis depuis quelques jours dans un coin. Il avait acheté ce personnage d'outre-tombe à l'hôtel des ventes, sans bien savoir s'il lui servirait.

Les Flamands, Breughel, Kalff, Verkolie et les autres, ont souvent représenté une tête de mort devant une rose. Quelle belle occasion d'antithèse pour un hugolâtre comme Léon Didier, qui n'avait pour toute bibliothèque que les œuvres de Victor Hugo ! Un tel poëte, c'est tout un monde.

Il ne fut pas content d'avoir vu le squelette ; il eut peur d'en être attristé pour toute la nuit. Mais voulant prendre le dessus, — et comme pour se mettre en train, — il se mit à danser devant le personnage silencieux et nocturne, en lui disant ces mots :

— Eh bien, mon vieux joueur d'osselets, tu ne viens pas danser au bal de l'Opéra? Tu ne viens pas souper à la Maison-d'Or? Tu as pourtant encore de bonnes dents.

Là-dessus le jeune peintre salua le squelette d'un dernier entrechat. Mais minuit sonna et il descendit quatre à quatre pour ne pas manquer son entrée avec ses amis.

S'il s'amusa à danser, à valser, à faire la roue, à engueuler son monde, vous n'en doutez pas. Le programme fut suivi de point en point ; le duel même ne fut pas oublié. Au lieu d'enlever une femme, il en enleva deux, comme un sultan qui veut jeter son mouchoir après le souper.

Mais il arriva ceci, c'est que les deux femmes se disputèrent, se prirent au chignon, se marquèrent de la griffe, si bien que Léon Didier fut trop heureux de jeter deux louis sur la table, pour sa part du souper, et de s'enfuir tout seul pour faire pénitence.

Il fut bientôt couché, résolu de ne pas se lever avant midi. Son lit n'était ni le lit d'un prince, ni le lit d'une courtisane, mais on y dormait bien parce que la chambre, qui était au bout de l'atelier, donnait sur des jardins : les oiseaux ne sont pas babillards pendant le carnaval; c'est le moment de leur carême.

Mais cette nuit-là Léon Didier ne pouvait fermer les yeux ; il voyait passer les tourbillons de l'Opéra, il entendait les quadrilles d'Offenbach et les valses de Métra. Vainement il se retournait sur l'oreiller, vainement il fermait les yeux : il arrivait à peine à ce demi-sommeil qui tue les irritables.

Tout à coup il entendit un bruit étrange. Il crut d'abord que c'était une des deux femmes qui frappait de ses talons à la porte de son atelier.

Il se rappela que la plus jeune avait paru se « toquer » de lui. Elle avait quitté, pour le suivre, tous ses poursuivants. Elle s'était vingt fois suspendue à son cou avec des câlineries, des ondulations et des serpentements de femme soudainement amoureuse.

— Ah ! si c'était elle? murmura-t-il.

Il pensa à traverser l'atelier pour lui ouvrir. Elle en valait bien la peine. C'était une toute jeune fleuriste, à peine mûre pour l'amour, mais déjà déniaisée. Il la voyait dans son costume de harangère, très-coquettement attifée, presque familière au vocabulaire des halles, mais gardant un parfum d'innocence dans son abandon.

—Non ! ce n'est pas elle ! dit-il avec inquiétude.

Il avait reconnu que le bruit s'approchait vers

sa chambre. Il tressaillit ; il lui sembla reconnaitre un craquement d'ossements.

Il pensa au squelette. Quoiqu'il ne fût ni un croyant, ni un voyant, il eut peur.

Le bruit s'approchait toujours ; il entendait des pas secs et cadencés. Il se cacha la tête, mais il eut honte de sa frayeur. Il se retourna vers la porte, décidé à allumer sa bougie, mais il ne trouva point d'allumettes.

On avançait toujours. On frappa trois coups à la porte.

— Entrez ! dit Léon Didier en s'efforçant d'être brave.

Il avait trouvé les allumettes ; il fit jaillir la lumière.

La porte s'était ouverte ; la flamme éclaira sur le seuil le squelette immobile.

Léon Didier, dans son épouvante, se jeta au fond du lit, mais sans pouvoir détacher ses yeux de l'horrible visiteur.

Le squelette ne dépassa pas le seuil.

— J'ai faim, dit-il d'une voix stridente en claquant des dents.

Léon Didier se rappela qu'il avait invité le squelette à souper à la Maison-d'Or.

— C'est, dit-il, une mauvaise plaisanterie que j'ai voulu lui faire, mais il m'en fait une bien plus mauvaise.

Le jeune peintre essayait de rire, mais le squelette ne riait pas du tout.

Léon Didier ouvrit les yeux, croyant qu'il n'était plus là, mais le squelette tenait bon : il était toujours debout sur le seuil.

— J'ai encore de bonnes dents! dit-il en ricanant.

Cette fois le jeune peintre s'évanouit.

Un grand bruit s'était fait dans l'atelier; le sculpteur, qui demeurait au-dessous, monta pour savoir ce qui arrivait à son voisin. Il traversa rapidement l'atelier, mais il trouva quelqu'un à la porte : c'était le squelette qui ne se dérangea pas pour lui.

— Que diable fais-tu là? lui demanda le sculpteur avec une émotion soudaine.

Le squelette grinça les dents, agita les bras, et tomba en pièces vers le lit de celui qui l'avait bravé.

Léon Didier ne revint à lui qu'à midi sonnant. Le sculpteur le trouva dans les affres de la mort. Trois jours après on enterrait au cimetière Montmartre le squelette affamé. Le jeune peintre lui fait encore brûler des cierges.

. . . .

Ainsi tous les soirs on contait des histoires chez la princesse qui disait elle-même :

— On conte chez moi des histoires à mourir de peur et à dormir debout.

Mlle d'Armaillac n'écoutait jamais que l'histoire de son cœur.

LIVRE XX

LES AVENTURES AMOUREUSES

LA CHIFFONNIÈRE.

I.

LES LARMES DE FLEUR DU MAL.

DANS sa soif de curiosité, Jeanne revoyait de loin en loin Mlle Fleur du Mal.

Quand le vicomte de Vielchâtel fut atteint mortellement par l'épée de Robert Amilton, Fleur du Mal n'était pas loin. On le porta sur une civière à Bougival, où sa maîtresse avait une maisonnette. On n'eut pas le temps de le ramener à Paris, car il mourut le soir même, sans que sa famille eût été prévenue. La pauvre Fleur du Mal, qui avait été si bien battue la veille, soigna son amant avec l'amour de la bête féroce.

— Ah! lui dit-elle, je ne croyais pas tant

t'aimer ; aussi, ne crains rien, je te sauverai.

Mais un des poumons était traversé. Le médecin ne croyait pas aux miracles. Il avertit Fleur du Mal que son amant ne passerait pas la nuit. Le vicomte n'avait pas la conscience de son état ; il se sentait bien mal, mais il ne croyait pas pourtant qu'il dût en mourir, surtout à si courte échéance.

Un de ses amis, qui était resté près de lui, me dit combien M. de Vielchâtel était touché de la sollicitude de Fleur du Mal.

— Ce n'est pas ta princesse, lui disait-elle, qui viendrait pleurer pour toi.

— Certes non, lui répondait-il, la princesse n'aime que ceux qui rient, ou plutôt elle n'aime rien. Si je meurs cette nuit, demain matin elle dira pour toute oraison funèbre : Il ne fallait pas qu'il y aille.

— Voilà ce que c'est, reprit Fleur du Mal, que de ne pas l'avoir battue comme moi ; il n'y a que ça pour attendrir les femmes.

Vers deux heures du matin, M. de Vielchâtel saisit Fleur du Mal dans ses bras pour se soulever et pour respirer mieux. Il étouffait.

— Ah ! ma pauvre Fleur du Mal, murmura-t-il,

le coup est mortel, je sens que je m'en vais. Donne-moi bien vite une plume, que je te laisse quelque chose.

— Allons donc, nous parlerons de ça quand tu iras bien.

Le vicomte embrassa sa maîtresse. Il appela son ami et dit à Fleur du Mal d'aller chercher le curé de Bougival.

— Oui, lui dit-elle, le curé, mais pas le notaire.

Dès que M. de Vieilchâtel fut seul avec son ami, il écrivit ces trois lignes :

« Je donne douze mille francs de rente à
« Mme ***, surnommée Fleur du Mal. C'est ma
« meilleure amie. Si l'enfant qu'elle va mettre
« au monde est un garçon, je le reconnais pour
« mon fils. »

Et il signa.

Son ami ne voulut pas lui dire que la validité de cet étrange testament serait fort discutée. Après tout, il donnait des droits à Fleur du Mal devant la famille du vicomte. C'était déjà quelque chose.

En effet, quand M. de Vielchâtel fut mort, son père déchira le testament en donnant deux cent mille francs à Fleur du Mal et en lui disant qu'il adopterait peut-être l'enfant. Elle se promit de lui donner en attendant le nom de baptême de celui qui avait été tué si malheureusement pour l'avoir battue.

Elle se désespérait d'avoir crié cette nuit-là.

Elle jura de venger son amant. Mais comment le venger? Elle ne pouvait pas se battre en duel contre ce duelliste qui avait étonné tout Paris par ses duels répétés.

Elle alla pleurer chez Mme Radegonde. Mais Mme Radegonde n'avait pas revu Robert Amilton, non plus que la chiffonnière.

Il vivait sur les quatre mille francs du mont-de-piété, — et peut-être sur la reconnaissance — mais cela ne pouvait durer longtemps.

Quand Mlle d'Armaillac apprit par l'ami de M. de Vielchâtel que la maîtresse du vicomte était Mlle Fleur du Mal, elle écrivit à cette fille sur les instances de la princesse, la priant de venir à l'hôtel de Charlotte, où elle la trouverait toute la soirée. Elle signa : l'*Étrangère blonde.*

Fleur du Mal, qui s'était prise d'une vive

amitié pour Mᵐᵉ d'Armaillac, sans plus la connaître, ne se fit pas attendre le soir chez la princesse.

Elle était toute en noir ; sa pâle figure exprimait un rude chagrin.

— Vous l'aimiez donc bien, lui dit Jeanne, car la princesse n'osait l'interroger.

— Si je l'aimais ! presque autant que mon fils.

Mˡˡᵉ d'Armaillac savait ce que cela voulait dire. Le récit du duc d'Obanos lui avait prouvé que c'était là une vraie mère de famille.

La princesse regardait Fleur du Mal en silence. Elle comprit qu'elle n'avait jamais rien aimé, ni son mari, ni ses amants, ni ses amoureux. Elle n'avait touché à l'amour que du bout des lèvres et du haut de son dédain. Sa curiosité n'avait pas déboutonné ses gants.

Elle enviait Fleur du Mal. Au moins si celle-là pleurait, elle avait traversé à plain pied toutes les joies et toutes les fêtes de l'amour sans s'épouvanter des angoisses et des désespoirs, comme elle le disait elle-même dans son langage énergique, elle avait « vécu à pleine gueule. »

Ce qui console de tout, dit la courtisane, c'est un enfant. Aussi je n'ai jamais compris pourquoi les femmes du monde qui sont mères de famille trompent leurs maris. Quoi! il y a des mères qui cherchent autre chose quand elles ont un berceau dans leur chambre à coucher!

— Vous avez raison, dit la princesse, mais quand il n'y a rien dans le berceau?

— Eh bien, on y met quelque chose.

— C'est peut-être très-facile quand on s'appelle Mlle Fleur du Mal, qui peut prendre un autre père de famille si le premier n'est bon à rien; mais nous autres nous sommes condamnées à l'horrible stérilité si nous avons touché le bois mort de l'arbre sans fruits, pour parler comme la Bible.

Naturellement, on parla beaucoup de M. de Vielchâtel. Jamais un homme n'eut une plus belle oraison funèbre que celle que lui fit alors Fleur du Mal.

— Eh bien, dit la princesse à Jeanne quand la courtisane fut partie, ce n'est pas de moi qu'il aurait eu une si belle épitaphe.

— Voyons, dit Mlle d'Armaillac, vous le trouviez charmant.

— Oui, mais comme un beau portrait auquel on ne touche pas.

— Alors, comment avez-vous pu aimer de si près vos deux amants?

— J'ai aimé le premier parce que je n'aimais pas mon mari et j'ai aimé le second parce que je n'aimais pas le premier.

— Vous savez que vous ne portez pas bonheur à vos amoureux. Le premier s'est tué; voilà M. de Vielchâtel mort en duel. Je crois que votre second amant...

— Chut, il n'est pas beaucoup plus vivant que les autres. — Voyez-vous, ma chère amie, l'amour est triste. D'abord, il commence dans les larmes.

— Pourquoi?

— Parce qu'il faut d'abord arracher un homme à une femme. Vous, par exemple, vous vouliez arracher le comte de Briançon à Marguerite Aumont. Moi, — sans parler de mes deux amants, — je voulais arracher M. de Vielchâtel à Fleur du Mal. L'amour se nourrit de larmes, voilà pourquoi je n'aime pas l'amour.

— C'est peut-être pour cela, dit Mlle d'Armaillac, en penchant la tête, que j'aime l'amour.

— Moi je n'ai pas le temps de l'aimer, car je l'étouffe au premier baiser.

Quelques jours après, la princesse trouva ce sonnet dans son bréviaire :

>Cette brune princesse aux regards de colombe,
>Jouant de l'éventail d'un doigt capricieux,
>Qui, pour dire bonjour, prend des airs précieux,
>Sa chair rose est un marbre et son corps une tombe.
>
>La passion mortelle incessamment y tombe.
>C'est l'abyme attirant les plus audacieux :
>Elle immole l'amour en regardant les cieux.
>Si vous saviez quel doux sourire a l'hécatombe !
>
>Ami, ne touche pas à ce froid monument
>Où dorment cent amours dans leurs couches funèbres,
>Tu n'aurais pas le temps de faire un testament.
>
>Son beau sein rayonnant ne couvre que ténèbres,
>Pour lampe funéraire elle a ses diamants,
>Sa bouche est une rose et rit aux ossements.

II.

UNE HEURE DE GÉOGRAPHIE.

LES femmes aiment tant à parler d'elles qu'elles aiment mieux en dire du mal que de n'en rien dire du tout.

Voilà pourquoi Mlle d'Armaillac et la princesse Charlotte finirent par se confesser l'une à l'autre. Jeanne pleura dans sa confession, la princesse ne voulait plus pleurer.

— Pleurer un homme, voilà qui est indigne d'une femme, dit-elle à Jeanne.

Mais Mlle d'Armaillac lui répliqua :

— Ce n'est pas Martial que je pleure, c'est moi, c'est mon cœur, c'est mon âme, c'est ma jeunesse.

La princesse sourit :

— Quand vous serez à votre second amour, vous sentirez que vous n'avez rien à pleurer, ni votre cœur, ni votre âme. Et vous serez plus jeune que jamais.

— Je n'aimerai plus.

— Vous! Je ne serai pas à mon troisième amour que vous serez à votre second.

On reparla du duc d'Obanos.

— Non, dit Jeanne, pas le duc d'Obanos, parce que je ne veux pas me vendre.

— Et moi, je ne veux pas me donner.

La princesse jouait sur le mot, car elle ne voulait pas se vendre non plus.

Mlle d'Armaillac était de celles qui se donnent par entraînement, tandis que la princesse était de celles qui aiment la violence. Elle ne prit pas un troisième amant, mais voici ce qui arriva.

On avait parlé dans le monde d'un quasi Don Juan sans le vouloir, très-amoureux de toutes les femmes parce qu'il n'en aimait aucune. Il ne s'amusait pas aux bagatelles de la porte, il ne prenait jamais le chemin des écoliers ; aussi, c'était un massacre de vertus sur son passage. On citait celle-ci, on citait celle-là, toute une kyrielle. On sait qu'à propos de tombeurs de femmes, il faut en rabattre beaucoup ; mais enfin, il paraît que plus d'une restait sérieusement sur le carreau. Ce n'était pourtant pas un Antinoüs, ni un Apollon ; c'était plutôt un faune tour à tour pensif et rêveur, mordant des yeux comme des dents.

Les sentimentales disaient qu'il avait du cœur, les rieuses disaient qu'il avait de l'esprit. Il avait surtout le grand art de prouver aux femmes que l'amour ne donnait pas des prix de vertu et que les rosières n'étaient jamais canonisées. Selon lui, l'œuvre de Dieu était une œuvre d'amour ; il ne parlait que de fusions, d'effusions, de transfusions par des images poétiques ; il donnait le spectacle amoureux de toutes les harmonies voluptueuses de la nature; vivre, disait-il, c'est aimer ; ne pas aimer, c'est être en rébellion envers Dieu qui est tout amour. Cette doctrine, qui en vaut bien une autre, à certaines heures, avait pris beaucoup de cœurs simples, d'autant plus qu'il avait l'éloquence des yeux et qu'il n'attendait jamais au lendemain pour prouver que sa doctrine était la meilleure. On subissait le magnétisme, on se réveillait trop tard pour battre en brèche et ruiner ses horribles paradoxes. C'était l'abomination des abominations. Et ce qui faisait la force de ce doctrinaire de la fusion et de la confusion, c'est qu'il avait l'air de ne jamais prêcher pour son saint. Il se disait revenu de tout cela et déclarait qu'il ne voulait plus y aller. S'il parlait ainsi, c'était en philosophe, en ami de la sagesse, à peu près comme Érasme quand il faisait l'éloge de la folie. La princesse au grain de beauté rencontra ce doctrinaire dans le monde, s'étonnant plus d'une fois qu'il passât près d'elle sans poser aux moins un point d'admiration. Il avait l'air d'un étranger qui voyage et qui ne s'arrête pas; il fallait qu'on lui fît signe que tel monument valait bien la peine d'être admiré. La belle Charlotte voulut qu'on le lui présentât; il daigna se laisser faire. Il alla à elle de l'air du monde le plus dégagé.

— Madame, lui dit-il, je suis sûr que vous vous trompez de porte.

— Pas du tout, lui dit-elle, j'ai voulu voir Rodrigue et Don Juan.

Comme le faune voyait que la duchesse se moquait, il alla au-devant de ces moqueries, s'immolant à ses pieds comme un agneau inoffensif.

— Vous n'en croyez pas un mot, lui dit-elle, ni moi non plus, mais pourtant on vous a fait une réputation de tombeur de femmes qui doit bien vous étonner vous-même.

— Oh! mon Dieu, oui, je vous assure que je n'ai pas pris de patente et que je ne paye pas de contributions pour faire ce métier-là; mais enfin, quand cela se trouve, je fais tout ce qui concerne mon état de galant homme.

La princesse regarda le faune : il souriait, elle se mit à rire pour avoir le dessus.

— On m'assure, lui dit-elle, qu'il y a des femmes assez folles pour avoir peur de vous.

— Savez-vous pourquoi? C'est parce que je n'ai pas peur d'elles.

— Oh! par exemple, ce n'est pas moi qui aurais peur de vous!

— Croyez-vous donc que vous me feriez trembler?

— Non, mais je vous embarrasserais peut-être beaucoup.

La princesse trouva que la conversation allait de bon train. Elle regarda autour d'elle pour voir si on n'écoutait pas aux portes. Elle parla de la neige qui était tombée ce jour-là, d'une danseuse qui avait écrit à son mari, ne le croyant pas en puissance de femme, du dernier discours académique qui avait changé l'atmosphère, enfin tous les menus propos mondains et extra-mondains.

Le faune avait l'art d'écouter; il avait surtout l'art de ne pas ennuyer son monde. Il s'en allait toujours avant la fin, ce qui est le miracle du savoir-vivre. Qu'est-ce que la fin? direz-vous, Cherchez la réponse.

La faune se leva.

La princesse, qui s'était imaginé le retenir à son charme pendant toute une heure, fut quelque peu offensée de cette brusquerie.

— Adieu, monsieur, dit-elle d'un air de duchesse.

— A revoir, madame.

— A revoir! Vous figurez-vous que j'irai continuer la conversation chez vous?

— Puisque vous n'avez pas peur de moi.

— Prenez garde; je suis bien capable d'aller un matin vous surprendre. C'est vous qui aurez peur de moi.

Le faune ne pensait plus à la princesse quand un jour, vers deux heures de l'après-midi, on lui annonça une dame voilée qui avait refusé de dire son nom. Il descendit au salon. Il reconnut la duchesse.

— Oui, dit-elle en cachant son émotion, c'est moi, vous voyez que je suis brave.

Le faune sourit avec malice.

— Pardieu, ne dirait-on pas que j'ai trois ans de salle d'armes et que vous en êtes à votre première leçon d'escrime?

La princesse se redressa.

— Vous êtes légèrement impertinent. Qui vous dit que j'ai pris une seule leçon d'escrime?

— Vous parez trop bien les coups pour ne pas être ferrée — à glace.

— On m'a parlé de votre mystérieux hôtel; j'ai voulu voir la bête féroce dans son antre.

— Il ne tient qu'à vous de couper les griffes au lion amoureux.

— Amoureux de qui?

— Amoureux de vous, princesse.

— De moi?

— Pourquoi pas, je ne suis ni le premier ni le dernier.

— Vous avez donc du temps à perdre ?

— Je n'aime que le temps perdu.

— Eh bien, aimez-moi, mais n'en parlons pas.

— Nous n'en parlerons pas : je vous crois trop spirituelle pour chanter cette chanson-là.

— Vous avez raison; si vous voulez, nous allons faire un cours d'histoire ancienne.

— Voilà une bonne idée.

— Dites-moi d'abord pourquoi toutes les femmes de l'antiquité étaient blondes dans un pays où on ne fait que des brunes.

Le faune s'étant assis sur un coussin, aux pieds de la princesse ; il lui prit la main sans qu'elle semblât s'en apercevoir.

— Vous mettez là le doigt sur une question capitale. C'est vrai que Vénus était blonde, que la belle Hélène était blonde, que Phryné était blonde. Je vous dirai, ma chère duchesse, que, tel que vous me voyez, je suis occupé à écrire un mémoire là-dessus pour l'Académie des inscriptions et belles-lettres. Les Grecs ne sont pas ce qu'un vain peuple pense. La Grèce n'est autre chose qu'une colonie anglaise fondée quelques siècles avant Homère. Comme le pays était fort beau, quelques lords et quelques ladys avant la lettre, ennuyés des brouillards éternels de l'Angleterre, s'expatrièrent pour rayonner dans le soleil. Naturellement, ils n'arrivèrent pas au milieu des colons et des esclaves comme de simples mortels; ils se bâtirent çà et là, jusque sur le mont Olympe, des palais de marbre et de porphyre; ils se créèrent dieux et déesses parce qu'ils étaient beaux et parce qu'elles étaient belles. Ce fut le plus radieux des Décamérons. Hésiode, Pindare, Homère, Phidias, Zeuxis, Apelles ont été leurs historiens, leurs poëtes, leurs sculpteurs et leurs peintres.

Pendant que le faune débitait ce paradoxe, qui est le premier mot de l'origine des Grecs, en supprimant les lords et les ladys, il ne perdait pas son temps : il avait pris l'autre main de la duchesse et l'avait dégantée; la manche entr'ouverte lui permit de voir la marque du huitième bouton du gant.

— Quelle blancheur! dit-il en ouvrant une parenthèse dans son cours d'histoire.

Et il baisa le bras vers le huitième bouton du gant.

— Point et virgule, dit la duchesse.

Mais déjà l'historien était retourné en Grèce. Dieu sait avec quel art il mit alors en scène les dieux et les demi-déesses, les déesses et les demi-dieux.

Il fut si éloquent que la princesse n'était pas forcée de s'apercevoir qu'il lui décolletait un peu le bras, — et peut-être un peu le pied.

Elle ne pouvait s'empêcher d'avouer que c'était un grand virtuose, car il avait l'air de n'y pas toucher. Ses yeux flambaient; mais quand on voit à la tribune ou en chaire un orateur politique ou chrétien, n'ont-ils pas du feu dans leurs yeux pour enflammer leur auditoire? Ses mains répandaient le magnétisme à flots; mais n'est-ce pas le jeu de tout homme qui veut convaincre?

Il s'interrompit tout à coup pour parler de la main et du pied de la princesse, mais elle le ramena à la Grèce en lui disant qu'elle ne voulait pas perdre une occasion unique d'apprendre l'histoire ancienne.

Il lui demanda si elle était allée à Athènes. Elle lui répondit :

— Non.

Il la mit sur le chemin, il lui fit la géographie

de cet adorable pays, qui est encore la mère-patrie de tous ceux qui vivent par l'esprit. Comme il n'avait sous la main ni papier ni crayon, il dessina la carte de Grèce d'un doigt très-léger sur la robe de la duchesse, approfondissant les golfes, accusant les caps, indiquant tour à tour le mont Ida, le mont de Vénus, le mont Olympe, les sources du Céphise, s'extasiant sur toutes les merveilles de la nature et de l'art.

La princesse ne doutait plus de la science profonde du faune ; elle subissait le magnétisme de son éloquence. Elle l'avait voulu braver par un grand éclat de rire, elle ne riait plus. Il faut bien reconnaître toutes les supériorités naturelles ou artificielles. Aussi le faune put-il dire à la duchesse, à un certain point de son récit :

— Vous ne riez plus, vous êtes désarmée.

Il rappel les mots de Mlle de la Vallière : C'est le repentir qui entr'ouvre la porte du ciel, or pour se repentir il faut avoir péché. La princesse ne lui avoua pas qu'elle était sous le charme d'une telle éloquence, mais elle s'avouait à elle-même qu'elle se sentait doucement enchaînée sous les roses. Il avait tué sa volonté, il lui avait versé coupe à coupe le vin de la passion.

Il ouvrit une parenthèse, sous prétexte de parler de Sapho et de Phaon.

— L'amour, dit-il, est la grande action de la vie : c'était le travail des dieux de l'Olympe, c'est la force du dieu de la bible : « Aimez-vous les uns les autres, » c'est le grand cri de la nature. Quand vous marchez dans l'herbe, vous dérangez sous votre pied mille et un lits nuptiaux. Si vous n'aimez pas, vous devenez fou comme Pascal ou comme Descartes. Descartes voyait le tourbillon, Pascal voyait l'abîme.

— Abîme pour abîme, vous aimez mieux la femme, n'est-ce pas ? dit la princesse.

Le faune baisait les cheveux de Charlotte.

— Aimer, c'est jeter l'arc-en-ciel dans l'orage, c'est dorer l'horizon, c'est prendre sa part de l'infini. Aimer, c'est voir de haut, c'est dédaigner les vanités enfantines de la vie, c'est faire une première station vers l'immortalité.

Et une fois parti sur ce thème, le faune n'eut pas de peine à prouver que pour être en état de grâce, il faut être amoureux. La princesse avait beau vouloir se moquer, elle était à demi

conquise. Elle avait d'abord bu par mégarde
d'une lèvre discrète et presque rebelle, peu à peu
elle s'était laissé prendre à cette ivresse qui
abat et qui ensommeille sans endormir.

Quand un faiseur de tragédie n'ose pas aborder de front la scène principale, il la fait passer
dans la coulisse, ce qui est très-commode pour
lui. On appelle cela escamoter son sujet. Eh bien,
je ne suis pas plus fier que Racine : au lieu de
vous montrer la catastrophe d'Hippolyte, il a
imaginé de faire conter la chose par Téramène ;
moi, au lieu de vous montrer la troisième chute
de la princesse, je me contenterai de vous dire
que le lendemain, comme — elle et lui — se
rencontrèrent dans le monde, elle dit tout haut
devant plusieurs de ses amis : « Si vous avez oublié l'histoire et la géographie, je vous conseille
de lui demander des leçons. »

Le faune espérait bien que la princesse continuerait à s'instruire avec lui ; il se promettait de
lui conter l'histoire de l'Italie et de lui dessiner
la géographie de Virgile ; mais la princesse n'avait pas de suite dans les idées : au bout de huit
jours elle avait oublié le faune qui l'avait oubliée
lui-même. Maintenant, quand elle le rencontre

dans le monde, elle demande qu'on le lui présente :

— Bonjour, monsieur, je ne vous connais pas, mais je vous apprécie parce qu'une de mes amies m'a dit beaucoup de mal de vous.

Ceci a été entendu mot à mot au dernier bal de l'Élysée. Peut-être vous dirai-je un peu plus loin la quatrième aventure de la princesse.

Faut-il s'indigner contre toutes ces folies de femmes qui n'ont rien à faire? N'est-ce pas un peu la faute du mari, si la femme l'imite pour tuer le temps, pour qu'on ne se moque pas d'elle, pour avoir sa part d'amour et sa page de roman?. La vertu du mariage c'est la famille, ce sont les enfants : le devoir de tout homme qui signe un contrat, c'est d'acheter un berceau.

La princesse n'avait pas d'enfants.

Diderot disait il y a cent ans : « Dans toutes les maisons de Paris il y a des enfants ou des amours. » Aujourd'hui les amours ne sont pas du tout mythologiques.

III.

JEANNE ET AUBÉPINE.

AUBÉPINE était une fille romanesque. Ç'avait été pour elle un supplice que son voyage nocturne à l'hôtel du duc d'Obanos ; si elle avait rencontré le duc dans l'avenue des Champs-Élysées comme le comte de Briançon, sans doute il l'eût pareillement séduite, parce qu'il y avait là du roman ; mais, quelque beau qu'il fût, elle n'aurait pas voulu devenir sa maîtresse parce que c'était arrangé d'avance.

Aussi était-il permis de croire que Martial n'était pas le premier amoureux d'Aubépine ; elle n'avait pas atteint ses dix-sept ans, courant Paris le matin et le soir, sans faire des rencontres romanesques tout aussi périlleuses.

Mais, à coup sûr, c'était la première fois qu'elle aimait par le cœur comme par l'esprit. Martial était beau, spirituel, charmeur. S'il n'avait pas beaucoup d'argent, il en trouvait toujours pour que sa maîtresse eût un joli nid, un joli coupé et une jolie robe.

Aubépine n'avait pas souci de la fortune du lendemain, elle ne voulait vivre qu'au jour le jour. Rien ne lui manquait donc avec Martial. Les vrais amoureux ne thésaurisent pas.

M. de Briançon n'avait pu se prendre à Aubépine comme elle s'était prise à lui-même. Elle l'aimait de toutes les forces de son âme, tandis que lui ne l'aimait, pour ainsi dire, qu'à travers Mlle d'Armaillac. Le premier jour, ce ne fut pour lui qu'un caprice; il avait cueilli ce bouquet de jeunesse comme on porte une fleur à sa boutonnière, quelque peu vaniteux de la beauté d'Aubépine, mais ne croyant pas que cette distraction d'un jour serait la distraction d'une année.

Bien des fois il avait voulu briser, mais le moyen d'en finir avec une jolie fille qui vous apporte l'éternel sourire, qui chante comme un oiseau, qui ne demande qu'à être aimée?

Puisque Mlle d'Armaillac n'avait plus voulu entendre parler de lui, il fallait bien qu'il se rattachât à la vie amoureuse par cette jolie branche toute parfumée.

Et le temps s'était passé ainsi. On sait d'ailleurs que ce qui manquait le plus à ce caractère flottant, c'était la volonté, ou plutôt il n'avait que la volonté d'aimer. Il aimait beaucoup Mlle d'Armaillac, il aimait un peu Aubépine. La passion terrible, profonde, tragique, qui le tourmentait pour la première, l'empêchait de bien voir ce qu'il avait dans le cœur pour la seconde; il n'était pas homme, d'ailleurs, à analyser ses sentiments, car il était emporté par les quatre chevaux de la jeunesse.

Il est vrai que les plus savants analystes ressemblent beaucoup à cet étrange hollandais, chimiste enragé qui, ayant acheté vingt-cinq mille francs un tableau de David Téniers, le décomposa dans ses folies, enlevant les glacis, écorchant les couleurs, tentant de remettre chaque ton sur une palette. Et quand il eut fini ce beau travail, il appela ses amis en leur disant : « Voilà vingt-cinq mille francs de rouge, de blanc, de noir, de bleu, de jaune. — C'est vrai, dit un des amis de ce forcené savant, seulement pour remettre ces couleurs à leur place il nous manque Téniers. » Eh bien, les analystes du cœur humain ressemblent beaucoup à ce fou; ils peuvent mettre sur leur palette du rouge, du blanc, du noir, du bleu, du jaune, mais il leur manque quelqu'un pour donner la vie à ces couleurs.: ce quelqu'un c'est Dieu.

Donc, Martial ne perdait pas son temps à chercher ce qu'il avait dans le cœur, mais il le sentait bien. Ces deux irrésistibles amours pour Marguerite Aumont et pour Jeanne d'Armaillac l'avaient convaincu que l'homme le plus résolu n'est pas maître de lui quand la passion a pris son âme. L'ancien qui a dit : « Commande à tes passions, » était un homme qui n'avait pas de passions.

Tout en poursuivant, même à son insu, l'image adorée de Mlle d'Armaillac, M. de Briançon vivait donc doucement avec Aubépine. Il y a des gens qui ne peuvent pas vivre seuls; ils disent que la compagnie des femmes, loin de dépraver les hommes, adoucit leurs mœurs. « Montre-moi tes femmes, je te dirai qui tu es. » Tous les hommes sont devenus grands à l'école des femmes.

Les choses ont leur logique ; Mlle d'Armaillac ne sentit bien qu'elle aimait encore M. de Briançon qu'en le voyant avec Aubépine.

Elle fut mordue une fois de plus au cœur par cette horrible jalousie qui l'avait tuée mille fois avant de tuer Marguerite Aumont.

Certes, Martial n'avait pas pris Aubépine pour se rapprocher de Jeanne, mais c'était pourtant le chemin de traverse.

— Ne trouvez-vous pas, disait Mlle d'Armaillac à la princesse, que M. de Briançon se compromet avec cette petite modiste?

— Ma chère amie, je ne trouve pas cela du tout; cette petite modiste n'est plus une modiste; c'est aujourd'hui une femme comme il faut, car la beauté n'est pas roturière. Soyez bien sûre que la société contemporaine pardonne toujours à un homme d'avoir une maîtresse si la dame est jolie.

La princesse aimait Jeanne, mais elle était trop femme pour ne pas donner son coup d'éventail. Toutes les Célimènes sont cruelles.

Mlle d'Armaillac se regardait à la dérobée

pour se bien convaincre qu'elle était plus belle qu'Aubépine.

M{llo} d'Armaillac était belle, Aubépine n'était que jolie.

— C'est égal, dit Jeanne, il faudra bien un jour que j'aie raison de cette petite fille.

Mais il fallait avoir raison de beaucoup de petites filles, car un matin que Jeanne se promenait au bois, en partie d'amazones avec la princesse et Mme de Tramont, elle vit M. de Briançon qui initiait Mlle Mathilde, la ci-devant chiffonnière, à l'art de conduire les chevaux — et les hommes.

Jeanne voulait ne plus aimer Martial ; mais c'était en vain qu'elle tentait de l'oublier dans les distractions mondaines ; ici aux courses, là au théâtre ; courant toutes les fêtes, écoutant celui-ci après avoir écouté celui-là. Elle avait l'art de railler et de cacher son cœur. Nul ne se doutait que Martial fût encore en scène. Mais un jour elle s'écria en pleurant :

— Quel malheur! je sens que je l'aime plus que jamais.

IV.

COMMENT SE JOUE UNE DESTINÉE.

EST-CE pour cela que voulant vaincre son cœur, Mlle d'Armaillac retourna chez le duc d'Obanos? Elle avait toujours une vraie passion pour les admirables perles, — ces trois cents perles, pas une de moins, — je veux dire pas une qui n'eût son éclat et sa transparence, pas une qui ne vécût de la vie des perles et de la vie de Jeanne.

Mlle d'Armaillac les aimait plus encore parce qu'elles n'étaient pas à elle. Comment ne pas les garder, comment ne plus les voir dans leur magie, comment ne plus sentir leurs caresses diurnes et nocturnes ?

C'était un sacrifice inouï. Mais comme elle

pensait à Martial, le sacrifice avait sa douceur — si elle se résignait au sacrifice, car elle ne savait pas bien encore ce qu'elle allait faire.

Jeanne s'était risquée plus d'une fois dans le monde avec ce collier rarissime, disant tout haut que c'étaient des perles fausses. Et si on lui reprochait de porter des perles fausses, elle ne disait pas comme cette ingénue : « Venez un peu les mordre pour voir si elles sont vraies, » mais elle défiait les yeux de lynx de décider en quoi elles n'étaient pas si belles que des perles vraies.

Mme de Tramont lui avait bien un peu reproché de mettre un collier à cinq rangs comme une femme mariée, mais Jeanne lui avait prouvé que ce collier l'embellissait.

Elle retourna donc un soir chez le duc d'Obanos, qui s'étonnait quelque peu de ne l'avoir pas vue revenir plus tôt. Il l'avait rencontrée plus d'une fois dans le monde, mais il ne lui parlait presque jamais, pour lui prouver qu'il ne pensait pas à son collier.

— Rassurez-vous, lui dit-elle en entrant, je n'ai pas vendu vos perles.

— Je le sais bien, lui dit-il.

— Comment le savez-vous?

— Parce que si vous les vendiez, elles me reviendraient tout de suite; car les orfévres me viennent offrir leurs bijoux rares. Et d'ailleurs si vous les aviez vendues...

— Si je les avais vendues?

Le duc sourit de son sourire donjuanesque.

— Vous seriez venue me les payer.

— Eh bien, je vous les rapporte.

Disant ces mots, M*lle* d'Armaillac entr'ouvrit son manteau.

— Vous savez, je n'ai pas d'autre écrin ; vous les avez mises à mon cou, je vous les rapporte à mon cou.

— C'est le plus merveilleux écrin du monde, alors je garde le collier et l'écrin.

— Non, mon cher duc, l'écrin vous coûterait trop cher : il vous faudrait tous les jours y mettre de nouveaux bijoux.

— Vous savez si j'en ai? Je ferais de vous une madone si vous vouliez.

— Ce serait bien joli, mais je veux être une madone sans être une châsse.

M*lle* d'Armaillac avait dégrafé le collier.

— Quel malheur, dit le duc, elles sont si bien

sur vous! Comme elles vont s'ennuyer maintenant!

Quoique le duc mît de l'expression pour dire ces mots, Jeanne aperçut une pointe de raillerie au coin de ses lèvres.

— Si vous êtes de bonne foi, lui dit-elle, vous avouerez que vous n'êtes pas fâché de « rentrer » dans vos perles; elles ont couru le monde à l'aventure comme si elles ne dussent pas revenir. Je connais plus d'une jeune fille qui ne vous les aurait pas rapportées.

Le duc cachant son jeu et son cœur dit que Mlle d'Armaillac venait de traduire sa pensée secrète : il avait bien eu quelque vague inquiétude quand il avait passé les perles au cou de Jeanne; il s'était dit que ce ne serait pas trop payer une telle beauté; mais cette première aspiration évanouie, il s'avouait que quelle que soit la beauté d'une femme, elle ne vaut peut-être pas un collier de perles d'un million de réaux. Avec les cinq rangs il pouvait payer cinq femmes du meilleur monde. Et d'ailleurs son admiration pour Jeanne était un peu tombée, peut-être parce qu'elle avait été trop vive, si bien que, comme elle le disait elle-même, il était bien aise de ressaisir ses perles.

Or, il arriva que par esprit de contradiction Mlle d'Armaillac désira les ravoir coûte que coûte, mais elle ne voulait pas s'humilier jusqu'à lui dévoiler son cœur. Comment faire pour que la prière vienne de lui?

Elle commença par vouloir s'en aller.

Justement ce soir-là le duc était attendu au cercle; il lui offrit de renvoyer l'affreux fiacre qui l'avait amenée et de la reconduire à sa porte dans son coupé.

Ce n'était pas l'affaire de Jeanne d'accorder cette faveur au duc quand il reprenait le collier.

Elle était devenue fort mélancolique, tout en gardant son adorable sourire.

Le duc vit bien qu'elle avait un nuage sur le front.

— Contez-moi vos peines de cœur, lui dit-il, car vous en avez.

— Je n'en ai, mon cher duc, que le jour où je viens ici.

— Vous vous moquez de moi, dit le duc.

— Non, c'est irritant de savoir un homme comme vous pris par toutes les femmes de Paris : vous êtes dévoré par les bêtes. On a beau ne pas vous aimer, on serait ravie de vous voir plus souvent, mais la maison est toujours pleine. Je ne parle pas du cœur.

— Vous avez raison, car le cœur est toujours vide. Le roi Salomon, qui s'y connaissait, a bien eu raison de dire, après avoir goûté à ses sept cents femmes : La femme est plus amère que la mort. A Madrid et à Paris, j'ai abusé de mon titre et de ma fortune pour triompher des femmes à la mode, mais j'ai eu beau ouvrir les bras, je les ai toujours fermés sur une déception. Celui qui aime une femme cueille plus d'amour que celui qui a sept cents femmes. Mais non-seulement il faut aimer, il faut auss être aimé. Jouons cartes sur table : avez-vous jamais aimé, vous ?

Mlle d'Armaillac sembla chercher.

— Oui, dit-elle en étouffant un soupir, ma mère, ma poupée et votre collier de perles.

Comme le duc était devenu lui-même mélancolique, elle rouvrit coquettement son manteau et regarda son sein en murmurant :

— Les pauvres perles !

A ce tableau, le duc faillit se laisser reprendre, mais Jeanne referma trop vite le manteau.

Elle était restée debout à la porte du salon. Le duc l'avait rencontrée là au moment même où il allait sortir.

— Il faut qu'une porte soit ouverte ou fermée, dit-il en lui prenant la main pour l'entraîner dans le salon, mais décidé à la reconduire à son fiacre si elle le demandait.

Jeanne s'était dégantée de la main droite pour dégrafer le collier et le duc avait ses gants à la main.

Aussi, quand il toucha les doigts de Mlle d'Armaillac, ils eurent tous les deux un frémissement magnétique, ce qui entraîna le grand d'Espagne à aventurer ses lèvres là où étaient les perles.

Jeanne rougit ; comme elle voulait se rattraper aux branches, elle ne s'offensa qu'à moitié.

— Eh bien, Dieu merci, dit-elle, voilà un baiser qui compte bien pour deux perles.

Le duc avait fermé la porte du salon.

— C'est vrai, dit-il. Et moi qui reprenais tout le collier sans vous donner votre part ! Cela fait, si j'ai bonne mémoire et si je compte bien, sept ou huit perles.

Mlle d'Armaillac était enchantée d'avoir rappelé cette convention léonine.

— Vous comptez mal, dit-elle en comptant sur ses doigts. Nous étions à trois baisers à ma seconde visite ; — chez le ministre, en vous penchant sur moi au buffet, vous m'avez baisé les cheveux ; — trois jours après, dans une visite chez la duchesse, vous m'avez baisé la main au deuxième bouton de mon gant, ce qui était un peu trop espagnol ; — en valsant, chez Mme de Tramont, vous m'avez embrassée deux fois à l'insu de tout le monde et presque à mon insu ; — à notre dernier cotillon...

— Ah, oui, mais cette fois-là ce n'est pas de jeu, car c'était un baiser ordonné.

— Oui, mais vous m'avez embrassée deux fois.

Et comme en parlant Jeanne ne regardait pas le duc, il l'embrassa une fois encore en lui disant :

— Mettons-en douze et n'en parlons plus.

— Ce n'est pas assez, dit en riant Mlle d'Armaillac, tous ces baisers défendus doivent compter double.

— Diable, dit le grand d'Espagne qui commençait à compter, tout à l'heure il faudra que je vous laisse un rang de perles.

Une des portes du salon s'ouvrait sur le jardin, un jardin en miniature, mais un nid merveilleux pour les oiseaux amoureux. Le duc y entraîna Jeanne pour une promenade au clair de la lune, croyant que rien ne combat mieux la vertu des femmes que les artifices de la poésie.

En effet, sous les arbres, la raillerie, cette sentinelle avancée de la résistance, ne tire pas même un coup de feu. Les gens les moins amoureux le deviennent comme s'ils respiraient l'amour dans l'atmosphère que dégagent les herbes, les fleurs et les feuilles.

Jeanne avait pris le bras du duc; elle se laissait entraîner avec un doux abandon. Ils parlèrent d'abord de la lune et des étoiles, de la profondeur du ciel, des mystères de l'infini en face de ces grandeurs incommensurables, de ces horizons inespérés.

Qu'est-ce que l'homme sur la terre s'il ne se jette dans les bras de la femme, l'amour seul nous élève jusqu'à Dieu. Qu'est ce que l'homme? Ce n'est rien, mais s'il aime une femme, il est tout, parce qu'il a l'amour, cette ascension rayonnante qui monte jusqu'au ciel.

Ainsi parlait le duc d'Obanos et Jeanne trouvait qu'il parlait bien. Elle ne pouvait s'empêcher de se dire :

— Que suis-je? Rien. Si le duc m'aimait et si j'aimais le duc, je serais tout.

Mais, par malheur, le duc disait que le mariage n'était pas dans ses habitudes. Il jurait qu'il ne se marierait jamais.

— Oh! si je voulais bien, pensa Jeanne, il finirait par m'épouser, mais avec lui il faut commencer par la fin.

Mais plus le duc parlait avec passion, plus Jeanne se retenait à sa dignité. Pour la millième fois elle se répétait qu'il était impossible à une jeune fille comme elle d'être la maîtresse de cet étranger sans foi ni loi. Et pourtant, que deviendrait-elle sans argent dans ce monde où il faut tant d'argent? Consentirait-elle à quelque mariage de troisième ordre, qui l'emprisonnerait à tout jamais dans une vie bourgeoise?

Il n'y a que le premier pas qui coûte. Elle avait eu des heures de vrai repentir, mais si après une première faute Dieu ne reprend pas la femme pour la jeter dans un couvent, elle va fatalement à une seconde faute, à moins qu'elle ne trouve un homme qui lui donne l'amour et le pardon.

— N'est-ce pas que c'est beau de s'aimer! dit le duc d'Obanos en embrassant Jeanne.

— Oui, c'est beau — quand on s'aime! — dit tristement Mlle d'Armaillac.

Elle pensait à Martial.

— Des perles dans vos yeux!

— Oui, celles-là sont à moi.

Jeanne arracha le collier, le jeta au duc et s'enfuit.

Le grand d'Espagne ramassa ses perles en murmurant :

— Il est écrit là-haut qu'elle ne laissera pas sa vertu au diable.

Quand Jeanne rentra chez elle, elle fut surprise de se trouver si belle.

— Et moi qui m'imaginais que je n'étais plus bien qu'avec des perles! dit-elle en souriant de son adorable sourire.

V.

LA STATUE BRISÉE.

Le lendemain, Mlle d'Armaillac reçut une visite inattendue.

C'était Mathilde, la ci-devant chiffonnière, qui venait frapper à sa porte.

Comme la femme de chambre faisait des façons, la visiteuse matinale se risqua à dire qu'elle était attendue.

Elle surprit Mlle d'Armaillac qui, à peine habillée, se coiffait devant sa psyché.

— Que me veut-on? demanda Jeanne à sa femme de chambre, d'un air quelque peu étonné.

— Mademoiselle, dit la ci-devant chiffonnière, c'est un secret que je vous apporte...

Jeanne leva les yeux sur Mathilde sans la reconnaître, quoiqu'elle l'eût bien regardée au bois de Boulogne quand Martial lui donnait une leçon d'équitation.

La femme de chambre était sortie; la ci-devant chiffonnière prit la parole :

— Écoutez, mademoiselle, je suis une brave fille, si je n'en ai pas l'air. Je sais que vous avez connu une jeune fille du monde qui a été aimée de M. de Briançon. Elle ne lui a pas redemandé ses lettres ; or, ces lettres, les voici. Je suis sûre que vous serez très-heureuse de les lui remettre puisque vous êtes son amie.

Disant ces mots, Mathilde présenta à Jeanne une enveloppe décachetée.

— Et qui a décacheté cette enveloppe? demanda Mlle d'Armaillac en prenant les lettres.

— Ce n'est pas moi! Et je vous jure, mademoiselle, que pour moi l'enveloppe était cachetée.

— Et qui vous a dit que je connaissais la jeune fille qui a écrit ces lettres?

Jeanne interrogeait profondément Mathilde par son grand œil noir.

— Mademoiselle, voici l'histoire : Je me suis rencontrée — pour mon malheur — chez M. de

Briançon avec M{{lle}} Aubépine; celle-là, c'est la vraie maîtresse, car elle veut être aussi maîtresse de la maison. Elle fait des fouilles partout; elle arrache tous les secrets du passé et du présent. J'ai cru faire une bonne action en lui dérobant ces lettres qu'elle avait dérobées elle-même.

Mathilde parlait d'un air si ingénu qu'il fut impossible à Jeanne de savoir si la jeune fille croyait que les lettres étaient d'elle ou d'une de ses amies.

— Et qui vous a dit mon nom, mademoiselle?

— C'est M{{lle}} Aubépine, qui s'est avisée d'être jalouse de vous. Mais M. de Briançon s'est donné la peine de lui jurer qu'il ne vous connaissait que pour avoir aimé une de vos amies dont il ne dirait jamais le nom.

Jeanne eut le chagrin d'être forcée de remercier une des maîtresses de son amant.

— Merci, mademoiselle, dit-elle en la saluant d'un peu haut; je n'oublierai pas.

Mathilde sortit le cœur content. Elle était déjà si loin dans le péché qu'elle voulait se rattraper par une bonne action. N'avait-elle pas voulu se donner la comédie en voyant comment une fille du monde porte ses péchés? ou encore se comparer et pouvoir dire : Les comtesses ne valent pas beaucoup mieux que les chiffonnières ?

On aurait pu entendre alors dans la chambre de Jeanne un monologue digne du théâtre antique et du théâtre moderne.

Ce fut un grand cri d'indignation de Jeanne contre elle-même.

— Oh! ma fierté! s'écria-t-elle, oh! ma blancheur perdue! Oh! ma beauté humiliée! Que me reste-t-il sinon ma déchéance? J'en suis arrivée là qu'il me faut remercier cette fille qui me rapporte les morceaux de mon cœur brisé! Je ne suis plus une jeune fille et je ne suis pas une femme! Il ne me reste rien, ni la pureté de mon âme, ni l'éclat de mon nom! En portant la couronne de perles de ce duc d'Obanos, j'ai fait tomber une à une les perles de ma couronne de comtesse. Me voici morte à tout ce qui est beau. Je sens que déjà le monde me rejette dans le demi-monde. J'ai beau railler les autres, je n'en suis pas meilleure pour cela. Non, il ne me reste rien! rien! rien! sinon le lupanar doré, ou l'expiation. Mais Dieu voudrait-il de moi?

Et, après un silence, Mlle d'Armaillac s'adressa encore mille imprécations.

— Oh! ma fierté! répéta-t-elle en pleurant, toi que j'aimais comme une belle statue de marbre, toi qui étais la force de ma vie et la lumière de mon âme, je t'ai renversée aux pieds de cet homme, je t'ai sacrifiée, je t'ai souillée, je t'ai mise en pièces!

Jeanne éclatait en sanglots. Elle était belle dans sa douleur, parce que c'était un grand cri de la nature qui remonte à Dieu.

— Oh! ma fierté! dit-elle encore.

Elle tomba agenouillée et pria. Mais c'était Martial qu'elle priait.

VI.

UN ENLÈVEMENT.

Qui donc enleva Mlle d'Armaillac? car le bruit se répandit à Paris qu'elle avait disparu.

Mlle d'Armaillac, toute de passion et d'entraînement, ne s'amusait-elle plus dans la compagnie de la princesse? On allait à toutes les curiosités, mais on s'en revenait bientôt, comme à la fin d'un spectacle médiocre, en se disant : — Ce n'était pas la peine ! — Et puis, n'est-ce pas toujours la même comédie, le jeu perpétuel de la bêtise humaine? Quand on a vu un fat, on a vu tous les fats. Quand on a vu un sot, on a vu tous les sots. Quand on a vu un homme d'esprit, on a vu un imbécile de plus. — Quel est l'homme d'esprit qui ne marque sa bêtise originelle comme tout le monde? — Jeanne avait appris à rire de tous avec sa moqueuse amie ; elle avait surpris le défaut de cuirasse chez les femmes passionnées, comme elle avait surpris l'absence du cœur chez les femmes vertueuses ; elle avait jugé que le savant n'était qu'un fou parqué dans le spécialisme; l'homme d'argent un *doit* et *avoir*; l'homme de loi un ennemi du droit. Elle n'avait pas de prétention à la philosophie, mais sans le vouloir elle formulait de terribles jugements sur l'humanité; aussi devant les choses les plus sérieuses, éclatait-elle de rire comme une sceptique, elle qui ne demandait qu'à croire à l'amour.

Une seule chose lui paraissait digne de respect et d'admiration, c'était la maternité. Elle ne passait jamais devant une mère de famille sans la saluer, devant un berceau sans faire le signe de la croix ; ce qu'elle enviait le plus, en se promenant au bois, c'était la femme qui mène son enfant par la main; elle disait avec éloquence, que si la religion catholique avait survécu à toutes les religions, c'est qu'elle commence par le tableau de Marie allaitant Jésus, adorable spectacle, qui est le symbole de la vie de famille à toutes les stations ascendantes et descendantes.

Mais ce spectacle, qui eût fait sa joie d'épousée, Dieu ne le lui donnerait pas dans sa maison, si elle en croyait ses pressentiments. Quoi qu'elle fit pour se prouver que M. de Briançon n'était pas le seul homme pour elle sur la terre, elle revenait toujours à cette pensée qu'elle n'en pouvait épouser un autre, d'abord parce qu'elle tromperait cet autre sur le passé, ensuite parce qu'elle serait malheureuse avec qui que ce fût, sinon avec Martial. Mais Martial n'était-il pas perdu à tout jamais? Et d'ailleurs, sa fierté à elle, ne pouvait s'accorder avec son cœur. Sans doute, il pensait toujours à elle, puisqu'après un premier duel pour un mot mal sonnant, il avait eu un duel encore avec le duc d'Obanos, à propos d'elle ; car, quoique son nom n'eût pas été prononcé, elle savait bien la raison de ce second duel.

Mais en même temps, Martial ne la bravait-il pas tous les jours, par sa vie incroyable au milieu des femmes de mauvaise vie? C'était le scandale du jour; il fallait que Martial fût un des princes du high life, pour que son nom ne fût pas trop compromis par ses folles équipées. Elle ne pouvait admettre qu'il l'aimât toujours quand elle le voyait toujours avec Aubépine, panachée de plusieurs autres. « Il se bat pour moi, disait Mlle d'Armaillac, mais je n'aurais pas la force de l'arracher à ses mauvaises habitudes ; le lendemain de mes noces, il irait faire sa lune de miel avec ces demoiselles. Non, je ne veux pas me donner ce ridicule, je mourrais d'orgueil blessé, j'aime mieux sacrifier mon cœur à ma dignité. »

Mais le sacrifice du cœur recommence tous les jours ; on n'est pas plus avancé le lendemain ; on a beau frapper son cœur, on ne le tue pas : on l'irrite jusqu'à l'angoisse, mais on n'a pas raison de lui, parce que le cœur est plus fort que la volonté. La douce Mlle de la Vallière s'écriait, avant d'entrer aux Carmélites : — Je ne triompherai donc jamais de cette bête féroce qui est en moi ! — Oui, le cœur est une bête féroce qui vit d'une passion et qu'on n'apaise que par une autre passion.

Mlle d'Armaillac avait lu les lettres de Mlle de la Vallière. Les femmes s'imaginent aisément qu'elles sont faites sur le modèle des grandes héroïnes. Plus Jeanne étudiait Louise de la Miséricorde, plus elle se retrouvait.

— Après tout, dit-elle un jour à la princesse, c'est une fin comme une autre : sainte Thérèse ne dit-elle pas que les femmes amoureuses ne trouvent de volupté qu'en Dieu? Mlle de La Vallière n'a été heureuse qu'en embrassant la croix.

La princesse ne fit que précipiter Mlle d'Armaillac dans ce rêve en se moquant d'elle.

— Ainsi, lui dit-elle, parce que M. de Briançon s'est mal conduit avec vous, vous iriez vous ensevelir toute vivante! Est-ce donc pour cela que Dieu vous a fait belle? Dieu n'est pas si jaloux; je crois qu'il sera très-sévère pour toutes celles qui ont voulu se marier à lui sans savoir si cela lui était agréable.

Mais quand Jeanne fut seule et qu'elle fit son examen de conscience, elle s'avoua que rien n'était plus triste que sa vie : sa mère avait des dettes; quoi qu'elle fît, elle s'endettait encore ; Jeanne n'aurait pas l'horrible courage de se vendre après s'être donnée. Elle avait la fureur du luxe et il fallait qu'elle habillât mal sa beauté. A toute heure elle souffrait de n'avoir pas d'argent;

quand elle quittait la princesse pour retourner chez elle, elle regardait avec pitié cette chambre bourgeoise, dont chaque meuble criait la vulgarité. Jeanne n'était pas née pour la douce médiocrité, elle eût préféré la sombre poésie de la misère. Ce qui l'attirait, c'était toutes les péripéties de sa haute vie avec ses casses-cou radieux, mais à la condition d'avoir M. de Briançon pour compagnon de voyage.

. . . .

Mais ce compagnon de voyage voyageait alors dans un tout autre chemin : Jeanne apprit que Martial, après avoir passé huit jours à Trouville, où il rencontrait à toute heure Mlle Aubépine sur la plage — Mlle Aubépine, la lionne de Trouville — venait de partir avec elle pour Venise.

Il fût parti pour Londres, ou pour Berlin, ou pour Rome, que Jeanne n'eût pas été blessée si violemment; mais pour Venise, la ville des amoureux! Venise qui l'attirait depuis qu'elle était romanesque, c'est-à-dire depuis qu'elle avait jeté sa dernière poupée : c'était pour ainsi dire un outrage de plus à son cœur et à son amour.

. . . .

Un soir, Jeanne n'alla pas chez la princesse à l'heure accoutumée; ce soir-là, personne ne s'amusa; on sait que Jeanne apportait avec elle le rayonnement, la gaieté et l'esprit. La princesse jugea que Mme de Tramont, ou la duchesse ***, lui avait pris Mlle d'Armaillac pour aller au théâtre; elle rudoya tout le monde, en disant: « Ne faites pas attention à mes mines de bouledogue, je voudrais aboyer tant je suis furieuse contre Jeanne. »

Jeanne était la moitié de sa vie.

Le lendemain de très-bonne heure, elle alla chez Mme d'Armaillac.

— Vous me voyez désespérée, dit la mère qui pleurait, Jeanne s'est enfuie hier au couvent.

— A quel couvent? demanda la princesse.

— Est-ce que je le sais! Elle m'a dit qu'elle allait chez vous, mais ce matin j'ai reçu une lettre où elle m'apprend que je ne la reverrai plus. Il y a longtemps d'ailleurs que je pressentais ce dénoûment.

— Tant pis pour moi, dit la princesse, mais aussi tant pis pour elle, car elle sera bien attrapée.

— La volonté de Dieu soit faite! dit Mme d'Armaillac.

Elle leva les yeux au ciel et ajouta à mi-voix :

— Ce qu'il y a de plus triste, c'est qu'on va dire qu'elle a été enlevée.

— Et personne ne voudra croire que c'est Dieu qui l'a enlevée! reprit la princesse.

FIN DU TROISIÈME VOLUME.

TABLE
DU TROISIÈME VOLUME.

LIVRE XII.

LA VERTU DE MADEMOISELLE AUBÉPINE.

I.	Rivales et rivaux．	3
II.	Les inséparables	13
III.	La tristesse des don Juan	17
IV.	Le spectacle de la scène et celui de l'avant-scène.	26

LIVRE XIII.

LES VENGEANCES FÉMININES.

I.	Le trébuchet.	35
II.	Fleur du Mal.	46
III.	Le baccarat.	58
IV.	Comment on gagne le ciel.	63
V.	Ces dames à Saint-Lazare.	70

LIVRE XIV.

LA PRINCESSE AU GRAIN DE BEAUTÉ.

I.	Où mène l'amour platonique.	81
II.	Un duelliste à outrance.	95
III.	Une fleur sur le fumier.	106
IV.	Propos galants après minuit	113
V.	Comment on enlève une chiffonnière.	122
VI.	Scène nocturne chez madame Radegonde.	133
VII.	La législation de l'amour	141
VIII.	La robe de la chiffonnière	146
IX.	La robe de la princesse.	155
X.	Roméo et Juliette.	162
XI.	Comment on s'aime quand on ne s'aime pas	168
XII.	Sur le balcon.	179
XIII.	Comment mademoiselle d'Armaillac se sacrifia à la princesse.	187
XIV.	Il y a promesse de mariage.	196
XV.	Un verre d'eau au cabaret.	198

LIVRE XV.

LES DUELS.

I.	Le duel du diable.	202
II.	Duel de femmes.	212

LIVRE XVI.

MADEMOISELLE RAYONNANTE.

I.	Où il est question du paradis perdu	221
II.	Du luxe effréné des femmes.	226
III.	Mademoiselle Rayonnante.	233

LIVRE XVII.

LES LETTRES PERDUES.

Les lettres perdues. 245

LIVRE XVIII.

LE BRÉVIAIRE DE LA PRINCESSE.

Le bréviaire de la princesse 263

LIVRE XIX.

LES VENDREDIS DE LA PRINCESSE.

I.	Fleur de Pêche.	303
II.	Sœur Agnès	306
III.	Il ne faut pas jouer avec les morts.	318

LIVRE XX.

LES AVENTURES AMOUREUSES.

I.	Les larmes de Fleur du Mal.	329
II.	Une heure de géographie	337
III.	Jeanne et Aubépine.	351
IV.	Comment se joue une destinée.	357
V.	La statue brisée.	363
VI.	Un enlèvement	373

FIN DE LA TABLE DU TROISIÈME VOLUME.

DE L'IMPRIMERIE EUGÈNE HEUTTE ET Cie A SAINT GERMAIN.

www.ingramcontent.com/pod-product-compliance
Lightning Source LLC
Chambersburg PA
CBHW050428170426
43201CB00008B/588